LE CAFÉ OÙ VIVENT LES SOUVENIRS

Né en 1971 à Osaka, Toshikazu Kawaguchi est dramaturge et dirige le groupe théâtral Sonic Snail. *Tant que le café est encore chaud* est l'adaptation d'une pièce de sa société 1110 Productions qui a remporté le Grand Prix du 10e Festival dramatique de Suginami. Vendu à plus d'un million d'exemplaires au Japon, son roman est aujourd'hui un best-seller international. Après *Le Café du temps retrouvé*, *Le café où vivent les souvenirs* est le troisième tome de la série.

Paru au Livre de Poche :

Le Café du temps retrouvé
Tant que le café est encore chaud

TOSHIKAZU KAWAGUCHI

Le café où vivent les souvenirs

ROMAN TRADUIT DU JAPONAIS PAR GÉRALDINE OUDIN

ALBIN MICHEL

Titre original :
BEFORE YOUR MEMORY FADES
Publié chez Sunmark Publishing, Inc., Tokyo, Japon, en 2018.

ISBN : 978-2-253-25138-5 – 1re publication LGF

1

La jeune femme qui voulait passer un savon à ses parents

— Qu'est-ce que tu fais à Hokkaidô ? Tu peux m'expliquer ?

La voix stridente de Kei Tokita résonnait dans le combiné.

— Calme-toi, voyons, répondit Nagare Tokita, qui n'avait pas parlé à sa femme depuis dix ans mais n'avait pas le temps de se laisser aller à la nostalgie.

Nagare se trouvait effectivement sur l'île la plus septentrionale du Japon. À Hakodate, plus précisément.

Hakodate compte de nombreux édifices d'inspiration occidentale datant du début du XXe siècle ; çà et là, on croise une maison au rez-de-chaussée japonais dont l'étage est de style étranger. Au pied du mont du même nom s'étend le pittoresque quartier de Motomachi, célèbre pour son ancien hôtel de ville et pour les entrepôts en brique rouge du port. Ce haut lieu touristique abrite également le plus vieux poteau téléphonique de section carrée du Japon.

Kei appelait du *Funiculi Funicula,* un café tokyoïte dans lequel il était possible de voyager dans le temps. Elle venait de faire un bond de quinze ans dans le futur pour rencontrer sa fille, mais elle devait retourner à son époque avant que son café ne refroidisse. À Hokkaidô, Nagare n'avait aucune idée de la température de la tasse. Il opta donc pour la concision :

— Je n'ai pas le temps de t'expliquer. Écoute-moi bien.

— Comment ça, tu n'as pas le temps ? Mais c'est moi qui n'ai pas le temps ! protesta Kei tout en sachant pertinemment que son mari avait raison.

Nagare ne releva pas.

— Est-ce qu'il y a une collégienne dans la salle ?

— Quoi ? Une collégienne ? Oui, elle est devant moi. Tu sais, elle était venue du futur il y a deux semaines, pour qu'on prenne une photo ensemble.

Pour Kei, la rencontre avait eu lieu quinze jours plus tôt, mais pour Nagare, elle remontait à quinze ans. Il voulait éviter tout malentendu au cas où une autre adolescente se serait trouvée dans le café au même moment.

— Elle porte un col roulé et elle te fixe avec de grands yeux ?

— Oui, pourquoi ?

— Ne panique pas. Tu es actuellement quinze ans dans le futur, et pas dix.

— … Je t'entends mal !

C'est toujours quand on a quelque chose d'important à se dire que le vent se lève. À cet instant, il soufflait si fort dans le téléphone portable de Nagare que Kei ne comprenait pas grand-chose aux paroles de son mari. Mais le temps était compté et Nagare s'impatientait.

— L'important, c'est que cette fille…, commença-t-il en haussant la voix.

— Quoi, cette fille ?

— C'est la nôtre !

— Pardon ?

Kei s'était tue. Nagare entendit l'horloge du *Funiculi Funicula* sonner dans la pièce où elle se trouvait. Il poussa un petit soupir et résuma calmement la situation :

— Tu nous avais donné rendez-vous dix ans dans le futur, mais par je ne sais quelle erreur, tu es arrivée quinze ans plus tard. Il y a probablement eu une confusion entre 15 heures dans dix ans et 10 heures dans quinze ans. C'est bien ce que l'horloge du milieu indique, non ?

— Oui…

— Tu nous l'as dit quand tu es revenue dans le présent, mais pour des circonstances indépendantes de notre volonté et que je n'ai pas le temps de t'expliquer, on est à Hokkaidô en ce moment. Quoi qu'il en soit…

Jusque-là, Nagare avait parlé d'une traite. Il marqua une pause, puis reprit avec douceur :

— Quoi qu'il en soit, je sais qu'il ne reste pas beaucoup de temps, mais admire notre fille qui, comme tu peux le constater, a bien grandi et se porte à merveille.

Après quoi il raccrocha sans prévenir. De là où il se trouvait, il pouvait voir la route descendre en ligne droite vers le port de Hakodate. Il tourna les talons et s'engouffra dans le café.

Ding-dong.

Hakodate est une ville qui ne manque pas de relief. Elle compte dix-neuf rues en pente, dont la Nijûkkenzaka, qui part du plus vieux poteau téléphonique en béton du Japon, et la Hachimanzaka, près des fameux entrepôts de brique rouge du port. Depuis le chantier naval de Hakodate Dock, on peut gravir la Uomizaka et la Funamizaka, puis pousser jusqu'à Yachigashira via l'Asarizaka et l'Aoyagizaka.

Perdue au milieu de toutes ces rues emblématiques, il en est une dont les touristes ignorent l'existence. Les autorités n'ayant pas jugé utile de la baptiser, les locaux l'appellent « la côte sans nom ».

Le café *Dona Dona,* où Nagare travaillait, se trouvait à mi-pente de cette côte, et une étrange rumeur courait à son sujet. Apparemment, si on s'asseyait à une place bien précise – et tant qu'on n'en bougeait pas –, il était possible de voyager dans le temps à sa guise.

En revanche, il fallait se plier à des règles contraignantes. Extrêmement contraignantes :

Règle n° 1 : même si on retourne dans le passé, on ne peut rencontrer que des personnes qui ont déjà mis les pieds dans ce café.

Règle n° 2 : en dépit des efforts fournis, la réalité ne changera pas.

Règle n° 3 : si la place en question est déjà occupée, il n'est possible de s'y asseoir que si la personne qui l'occupe la libère.

Règle n° 4 : même si on retourne dans le passé, on ne peut pas quitter sa chaise.

Règle n° 5 : on ne peut retourner dans le passé qu'une fois le café servi, mais avant qu'il ne refroidisse.

Cette liste n'est pas exhaustive et pourtant, attirés par la légende urbaine, de nombreux clients poussaient la porte du *Dona Dona.*

Quand Nagare revint après son coup de fil, ce fut Nanako Matsubara qui l'apostropha la première. Elle était assise au comptoir :

— Tu ne regrettes pas de ne pas être allé à Tôkyô ? lui demanda-t-elle.

Nanako étudiait à l'université de Hakodate. C'était une jeune fille branchée qui portait un haut beige clair rentré dans un pantalon ample. Elle était peu maquillée et ses cheveux légèrement permanentés étaient rassemblés en une queue-de-cheval lâche.

Elle savait que la défunte épouse de Nagare, venue du passé pour rencontrer leur enfant, serait au *Funiculi Funicula* ce jour-là. Et elle ne s'expliquait pas que son mari ait choisi d'échanger avec elle par téléphone au lieu de se rendre sur place, alors qu'il ne l'avait pas vue depuis quatorze longues années.

Nagare répondit par un monosyllabe ambigu et se faufila derrière le comptoir.

À côté de Nanako, Saki Muraoka était assise, un livre à la main, l'air endormi. Elle était psychiatre dans un hôpital de Hakodate et, comme Nanako, c'était une habituée.

— Tu n'as pas envie de revoir ta femme ? insista Nanako en lançant à Nagare, qui se tenait à deux mètres d'elle, un regard inquisiteur.

— C'est juste qu'elle… enfin, tu comprends…

— Non, quoi ?

— C'est notre fille qu'elle est venue voir, pas moi.

— Et alors ?

— J'ai emmagasiné tellement de souvenirs d'elle depuis notre rencontre, je m'en remettrai. En revanche, je voulais qu'elle passe du temps en tête à tête avec notre fille.

— C'est adorable de ta part ! s'exclama Nanako en insistant sur le mot « adorable ».

— Ce n'est pas ce que tu crois, répondit Nagare dont les oreilles rougissaient.

— Il n'y a pas de quoi être gêné, tu sais…

— Je ne le suis pas, répliqua Nagare en se réfugiant dans la cuisine pour cacher son trouble, pile au moment où Kazu Tokita, la serveuse, en sortait.

Kazu portait une chemise blanche, une jupe beige à volants et un tablier bleu clair. Elle allait sur ses trente-sept ans, mais sa nonchalance et la simplicité de sa tenue lui donnaient une allure beaucoup plus jeune.

— Tu en es à quelle question ? s'empressa-t-elle de demander à Saki pour changer de sujet.

— Pardon ? Ah, à la vingt-quatrième, répondit cette dernière.

Elle était restée plongée dans sa lecture sans manifester le moindre intérêt pour l'histoire de Nagare.

— Justement…, fit Nanako en jetant un coup d'œil au livre comme si elle venait de se souvenir de quelque chose.

Saki revint quelques pages en arrière et lut à voix haute :

— « *Et si le monde devait s'effondrer demain ? en 100 questions.* 24e question : Vous avez rencontré l'homme ou la femme de votre vie. Si le monde devait s'effondrer demain, que feriez-vous ? ① Je demanderais sa main sur-le-champ. ② Je ne ferais rien, car ça n'a aucun sens. » Alors, tu ferais quoi ? demanda Saki en levant brièvement les yeux de la page pour interroger Nanako du regard.

— Je ne sais pas trop…

— Allez, réponds !

— Et toi ?

— Moi ? Je crois que je demanderais sa main.

— Pourquoi ?

— Pour ne pas mourir avec des regrets.

— Je vois…

— Tu ne le ferais pas, toi ?

— Non, murmura Nanako en secouant vigoureusement la tête. Si j'étais sûre qu'il m'aime, je le demanderais peut-être en mariage, mais si j'avais le moindre doute, je pense que je n'oserais pas…

— Comment ça ? fit Saki, déconcertée.

— Eh bien, si je savais ce qu'il ressent, je ne risquerais pas de le mettre mal à l'aise, on est bien d'accord ?

— Tout à fait.

— Mais si je lui déclarais ma flamme alors qu'il ne s'intéresse pas particulièrement à moi, ça pourrait jeter un froid, et ça, c'est sans doute la dernière chose dont j'aurais envie.

— C'est vrai que ça arrive, surtout aux garçons. Ils se rendent compte qu'on existe quand on leur offre des chocolats à la Saint-Valentin.

— Si le monde devait s'effondrer demain, l'homme que j'aime aurait sûrement assez de soucis, inutile d'en rajouter. Et s'il ne savait pas quoi me répondre, ça me laisserait un arrière-goût amer, non ? Je n'irais pas jusqu'à dire que ça n'a aucun sens, mais je ne pense pas que je me jetterais à l'eau.

— Tu es trop sérieuse, Nanako.

— Ah bon, tu trouves ?

— Évidemment ! Il n'y a aucune chance que le monde s'effondre demain.

— C'est vrai, tu as raison.

Les deux femmes échangeaient déjà sur ce mode avant que Nagare ne sorte téléphoner.

— Et toi, Kazu, qu'est-ce que tu ferais ? demanda Nanako en se penchant au-dessus du comptoir.

Saki dévisagea elle aussi la serveuse avec curiosité.

— Eh bien…

Ding-dong.

— Bienvenue ! lança machinalement Kazu en entendant la cloche de la porte d'entrée sonner.

En un instant, son visage avait repris son expression neutre d'employée.

Nanako et Saki n'insistèrent pas.

Ce n'était pas un client qui venait de pénétrer dans la salle, mais une enfant vêtue d'une robe rose pâle.

— C'est moi ! annonça la petite à la cantonade.

Elle portait un cabas qui semblait lourd et serrait dans sa main une carte postale.

C'était Sachi Tokita, la fille de Kazu, qui allait sur ses sept ans. Son père – le mari de Kazu, donc – était un photographe de renommée internationale qui s'appelait Koku Shintani. Il avait adopté le patronyme de Kazu en l'épousant, mais continuait à employer son nom de naissance professionnellement.

Ses activités le menaient aux quatre coins du globe pour immortaliser des paysages. Il ne rentrait au Japon que quelques fois par an, mais imprimait souvent ses clichés sur des cartes postales qu'il envoyait à Sachi.

— Bonjour, dit Nanako.

Kazu lança un clin d'œil au garçon qui se tenait derrière sa fille.

— Bonjour !

Ce dernier, qui s'appelait Reiji Ono, travaillait à mi-temps au café. Il portait un jean et un tee-shirt blanc qui lui donnaient une allure décontractée. Comme il s'était dépêché de monter la côte, il était légèrement essoufflé et de la sueur perlait à son front.

— Je suis tombé sur Sachi en route, expliqua-t-il avant de disparaître dans la cuisine, alors que personne ne lui avait posé de question.

Le déjeuner était dans deux heures, il fallait commencer les préparatifs. On l'entendit saluer Nagare. Sachi s'installa à une table devant la grande fenêtre qui donnait sur le port de Hakodate. On aurait dit qu'elle était dans sa chambre, à son bureau.

En dehors de Nanako et de Saki, il n'y avait que deux autres clients dans la salle : un vieux monsieur élégant près de l'entrée et une femme de l'âge de Nanako qui occupait une table pour quatre personnes. Elle était là depuis l'ouverture du *Dona Dona*, vers sept heures – c'était tôt, mais cela permettait au café d'accueillir les touristes qui se rendaient au marché du matin. La femme ne faisait rien de particulier, elle se contentait de regarder dehors par la fenêtre, les yeux dans le vague.

Sachi posa son cabas sur la table. Au bruit, on devinait qu'il était plus lourd qu'il n'en avait l'air.

— Ne me dis pas que tu as encore dévalisé la bibliothèque ?

— Si.

Nanako s'assit en face de la petite fille.

— Tu aimes vraiment lire, toi !

— Oui.

Nanako savait que quand Sachi n'avait pas classe, elle se rendait à la bibliothèque au saut du lit. Ce jour-là, c'était l'anniversaire de la fondation de son école, fermée pour l'occasion.

D'un air ravi, la fillette aligna sur la table les ouvrages qu'elle avait empruntés.

— Qu'est-ce que tu lis, d'habitude ? demanda Nanako.

— Oui, quel type de livres tu aimes, Sacchan ? renchérit Saki en se penchant vers la table depuis son tabouret.

— Tu nous montres ? fit Nanako, et elle tendit la main vers les ouvrages. *Le Défi des nombres imaginaires et les nombres entiers*, déchiffra-t-elle.

— *L'Apocalypse si l'univers n'était pas infini*, poursuivit Saki.

— *Le Régime ultime grâce à la mécanique quantique.*

— *La Controverse dans les arts classiques à travers le prisme de Picasso.*

— *Le Monde intérieur du Konkorikankon.*

Nanako et Saki s'étaient relayées pour passer les titres en revue, le visage de plus en plus fermé. Perplexes, elles s'interrompirent avant d'avoir terminé.

— Ça… ça me semble bien compliqué, tout ça, dit Nanako d'un air crispé.

— Tu trouves ? répondit la petite.

— Si tu es vraiment capable de comprendre ce livre, je vais devoir t'appeler « professeure Sachi », murmura Saki en regardant *Le Monde intérieur du Konkorikankon*.

Apparemment, c'était un manuel destiné aux psychiatres comme elle.

— Elle ne comprend pas le contenu, mais elle aime bien admirer les caractères, expliqua Kazu, comme pour rassurer les deux femmes.

— C'est quand même éclectique, comme sélection…

— C'est le moins qu'on puisse dire…

Visiblement, elles pensaient que ce n'était pas le type d'ouvrages qui plaisaient habituellement aux fillettes de sept ans.

Nanako retourna s'asseoir au comptoir. Elle se saisit de ce que Saki lisait peu de temps auparavant et se mit à tourner ostensiblement les pages.

— Je crois que ça, c'est plus de mon niveau…

Ce qu'elle entendait par là, c'est qu'elle préférait les livres qui ne contenaient que quelques lignes par page à ceux qui étaient remplis de minuscules caractères.

— C'est quoi ? demanda Sachi, intriguée.

— Tiens, regarde, fit Nanako en lui tendant l'ouvrage.

— *Et si le monde devait s'effondrer demain ? en 100 questions,* lut Sachi, les yeux brillants. C'est amusant !

— Tu veux essayer ?

C'était Nanako qui avait apporté ce livre. Ça lui faisait plaisir que l'enfant s'y intéresse.

— Oui ! répondit Sachi avec un grand sourire.

— Autant commencer par la première question, non ? demanda Saki.

— D'accord, dit Nanako.

Elle abandonna la page qu'elle était en train de lire et ouvrit l'ouvrage au début :

— « *Et si le monde devait s'effondrer demain ? en 100 questions.* 1re question : Vous avez découvert une pièce qui permet de sauver une personne et une seule. Si le monde devait disparaître demain, que feriez-vous ? ① Je m'y réfugierais. ② Je ne m'y réfugierais pas. » Alors ? demanda Nanako de sa jolie voix cristalline.

— Euh…, réfléchit Sachi en fronçant les sourcils.

Elle était assise de profil par rapport à Nanako et à Saki, qui la regardaient en souriant, rassurées. C'était bien une petite fille de sept ans.

— Tu ne sais pas quoi répondre ? C'est trop difficile ? insista Nanako en scrutant le visage de l'enfant, qui déclara :

— Je ne m'y réfugierais pas.

— Ah bon ?! s'exclama Nanako, impressionnée par tant de détermination.

Elle-même aurait répondu par l'affirmative. À ses côtés, Saki était tout aussi perplexe.

Derrière le comptoir, Kazu écoutait la conversation d'un air impassible.

— Mais pourquoi ? demanda Nanako.

Elle avait élevé la voix presque imperceptiblement, surprise qu'une petite fille de sept ans fasse un tel choix.

Indifférente au trouble des deux femmes, Sachi se redressa et leur expliqua :

— Vivre seul, c'est mourir seul, non ?

— …

Nanako en resta bouche bée.

— Tu as raison, reconnut Saki en s'inclinant respectueusement.

Devant cette réaction inattendue, elle ne pouvait être qu'admirative. Nanako et Saki échangèrent un regard qui signifiait : « Si ça se trouve, cette petite comprend réellement les livres compliqués qu'elle lit. »

— Ah, vous comparez vos réponses ? dit Reiji, qui émergeait de la cuisine ceint d'un tablier. Il est hyper à la mode, ce bouquin…

— Même toi, tu en as entendu parler ? demanda Saki, un peu étonnée.

— Comment ça, « même » moi ?

— Disons que tu n'as pas l'air d'être un grand lecteur…

— C'est pourtant moi qui le lui ai prêté !

Il faisait référence à Nanako. Tous deux fréquentaient la même université. Ils se connaissaient depuis l'enfance et on percevait une certaine familiarité dans leurs échanges.

— Ah bon ?

— Ouaip ! Tout le monde le lit à la fac, et comme je l'ai trouvé intéressant, je lui ai filé…

— Il a du succès à ce point ?

Nanako tendit la main et Saki lui donna l'ouvrage.

— On ne peut pas faire deux pas sans tomber dessus…

— Ça ne m'étonne pas, dit Saki.

Après tout, elle aussi avait été complètement absorbée par sa lecture jusqu'au retour de Nagare. Non seulement elle n'était pas surprise, mais elle soupçonnait le livre d'être populaire dans tout le pays. Elle se mit à le feuilleter à nouveau d'un air admiratif.

— Merci.

C'était la cliente immobile depuis l'ouverture qui avait parlé en se levant.

Reiji se dirigea vers la caisse au pas de course, prit l'addition et annonça :

— Un menu thé glacé et pâtisserie, c'est bien ça ? 780 yens, s'il vous plaît.

Sans répondre, la femme sortit son portefeuille de son sac à bandoulière. Une photo tomba par terre, mais elle ne s'en rendit pas compte.

— Tenez, dit-elle en tendant un billet de 1 000 yens.

— Je vous remercie, dit Reiji en pianotant sur la caisse enregistreuse dont les touches bipaient à chaque contact.

Le tiroir s'ouvrit avec un claquement discret et Reiji y piocha quelques pièces d'une main experte.

— Voici vos 220 yens.

La femme prit la monnaie sans un mot puis affirma, comme si elle se parlait à elle-même :

— La petite a raison. Il vaut mieux mourir que d'être condamné à la solitude pour le restant de ses jours.

Ding-dong.

— Merci pour votre visite, bafouilla Reiji, qui avait perdu sa bonne humeur habituelle.

Il repartit vers le comptoir, l'air préoccupé.

— Qu'est-ce qui t'arrive ? lui demanda Saki.

— Rien, c'est juste que… elle vient de m'annoncer qu'elle voulait mourir…

— Quoi ?! s'écria Nanako.

— Enfin, pas vraiment… Elle a dit qu'il valait mieux mourir que d'être condamné à la solitude, se corrigea Reiji.

— Tu nous as fait peur, imbécile ! dit Nanako en lui donnant une tape dans le dos quand il fut à sa hauteur.

— Mais…, commença Saki en interrogeant Kazu du regard, ce n'est pas anodin, quand même.

— En effet, répondit Kazu en fixant la porte du café.

L'espace d'un instant, le temps sembla suspendre son vol.

— On continue ? lança Sachi, ramenant tout le monde à la réalité.

Elle faisait référence aux 100 questions.

Saki consulta l'horloge.

— Mince, il est déjà cette heure-là ? dit-elle en se levant.

Il était 10 h 30 du matin.

Au *Dona Dona,* il y avait trois immenses horloges qui allaient du sol au plafond. La première trônait près de la porte, la deuxième au centre de la salle et la troisième à côté de la grande fenêtre qui donnait sur le port de Hakodate. Saki avait consulté la deuxième parce qu'elle savait que la première était en avance de plusieurs heures et que la troisième retardait.

— Tu vas au travail ? lui demanda Sachi.

— Oui.

Saki sortit quelques pièces de son porte-monnaie sans se presser. Comme elle habitait juste à côté, elle prenait son café au *Dona Dona* tous les matins avant son service.

— Et la suite ?

— On la garde pour la prochaine fois.

Saki sourit à Sachi, puis posa 380 yens sur le comptoir.

— Et si tu lisais d'abord les livres que tu as empruntés ? suggéra Kazu à sa fille.

— D'accord !

Le visage de l'enfant s'illumina. Elle aimait ouvrir quelques ouvrages côte à côte et les feuilleter tous en même temps. C'était la première fois qu'elle lisait à plusieurs et l'expérience lui avait plu, mais quand sa mère lui avait proposé de se plonger dans ses nouvelles trouvailles, elle s'était exécutée de bonne grâce : tant qu'elle pouvait s'adonner à sa passion pour la lecture, c'était le principal.

Elle saisit un volume sur la table, s'assit sur une chaise et se mit à lire en silence.

— Elle aime vraiment lire, dit Nanako en lui jetant un regard admiratif.

Elle-même détestait les livres compliqués.

— À la prochaine ! dit Saki en agitant la main.

— Merci et bonne journée ! répondit Reiji, qui avait retrouvé son entrain.

— Ah, j'oubliais…

Saki s'arrêta devant la porte d'entrée, se retourna et poursuivit à l'intention de Kazu :

— Si tu vois Reiko, tu pourras me dire comment elle va ?

— Bien sûr, acquiesça Kazu en débarrassant la tasse de Saki.

— Il lui est arrivé quelque chose ? demanda Nanako.

— On peut dire ça comme ça, répondit Saki, qui sortit du café sans donner plus de détails.

Ding-dong.

— Attends ! s'écria Nanako, qui avait remarqué la photo sur le sol.

Saki, qui s'éloignait à grands pas, ne l'entendit pas. Nanako se précipita vers la caisse et ramassa la photo avec l'intention de rattraper Saki pour la lui remettre, mais s'arrêta net.

— Kazu, regarde… Je pensais que c'était Saki qui l'avait fait tomber, mais on dirait que je me suis trompée.

Sur le cliché, on pouvait voir une jeune femme qui n'était de toute évidence pas Saki et un homme qui semblait avoir à peu près le même âge. La femme tenait un nouveau-né dans ses bras.

À leurs côtés, il y avait quelqu'un d'autre…

Yukari Tokita.

Yukari était la patronne du *Dona Dona,* la mère de Nagare, et aussi la sœur aînée de Kaname Tokita, la mère de Kazu. C'était une personne indépendante et fantasque, à l'exact opposé de Nagare, dont le sérieux, le sens du devoir et l'abnégation atteignaient des sommets. Deux mois plus tôt, Yukari était partie aux États-Unis avec un jeune client américain, à la recherche du père disparu de ce dernier.

Elle avait prévu de fermer le café jusqu'à son retour. Comme elle n'avait pas d'autre employé que Reiji, qui travaillait à temps partiel, elle avait pensé que si elle continuait à lui verser son salaire en son absence, elle ne causerait de tort à personne, mais Reiji n'était pas à l'aise avec cette idée.

Comme il devait se rendre à Tôkyô, il en avait profité pour faire un crochet par le *Funiculi Funicula* que tenait Nagare et il l'avait supplié de trouver une solution. Nagare avait eu honte du comportement de sa mère et s'était senti obligé de la remplacer à Hokkaidô en laissant sa fille unique derrière lui.

Seulement, il restait un problème à résoudre.

Au *Dona Dona,* comme au *Funiculi Funicula*, il était possible de voyager dans le temps en s'asseyant à une place bien précise : celle qu'occupait le vieil homme élégant vêtu de noir, près de l'entrée.

Malheureusement, le café de Nagare ne transportait personne vers le passé : seules les femmes et les filles nées au sein de la famille Tokita et âgées de plus de sept ans avaient le pouvoir de préparer le précieux breuvage. À ce moment-là, elles n'étaient que quatre : Yukari, Kazu, Miki, la fille de Nagare, et Sachi. Quand une Tokita donnait naissance à une fille, elle lui transmettait cette faculté et la perdait par la même occasion. Yukari était quelque part aux États-Unis, Kazu avait légué son pouvoir à Sachi et Miki devait rester à Tôkyô pour revoir sa mère, venue du passé. Bref, seule Sachi était à même de remplacer sa grand-tante à Hakodate.

Dans le pire des cas, Nagare aurait pu se rendre seul à Hakodate pour faire tourner la boutique sans qu'il soit question de voyage temporel, mais sa nièce avait insisté pour l'accompagner, sauf qu'elle n'avait que sept ans et qu'il était hors de question de la séparer de sa maman. Kazu avait évoqué la possibilité d'assurer l'intérim seule avec sa fille, mais le sens des responsabilités de Nagare l'empêchait d'accepter. Et Miki l'avait encouragé à suivre son instinct.

— Ne t'inquiète pas, Fumiko et Gorô ont proposé de m'aider. Et puis, c'est juste pendant l'absence de mamie Yukari, non ? Je m'en sortirai très bien sans toi ! avait-elle décrété.

C'est ainsi que le café tokyoïte avait été confié aux bons soins de Fumiko et de Gorô, deux habitués qui le fréquentaient depuis plus de dix ans, et que Nagare, Kazu et Sachi avaient mis le cap sur l'île du Nord. Comme il était possible que le séjour dure un certain temps, la petite fille avait été inscrite dans une école locale.

Restait à savoir quand Yukari reviendrait.

— Cette photo remonte à des dizaines d'années, non ? Yukari est rayonnante, dit Nanako, qui l'avait côtoyée régulièrement avant son départ pour les États- Unis et s'étonnait de la voir si jeune, presque trop jeune. Vous pensez qu'elle appartient à la cliente qui a passé la journée ici ? ajouta-t-elle.

Kazu acquiesça en silence.

— Il y a une inscription au dos, reprit Nanako.

En effet, une suite de chiffres figurait au verso.

— 27/8/2030, 20:31 ? C'est la date d'aujourd'hui, non ?

Il n'y avait aucun doute, et pourtant le cliché était ancien, comme le démontrait l'apparence juvénile de Yukari.

Un bref message avait été griffonné après les chiffres :

Je suis heureuse de t'avoir rencontrée.

Nanako pencha la tête, intriguée. Et Kazu eut la certitude que la cliente reviendrait le soir même.

Les clients avaient déserté le café. Il ne restait que le gentleman près de l'entrée et Sachi, qui lisait au comptoir.

— Je décroche l'enseigne ? demanda Reiji, qui avait terminé d'essuyer les tables et de faire le ménage.

— Oui, merci.

Il était 19 h 30, et dehors il faisait nuit noire. Quand Reiji sortit, la clochette de la porte d'entrée retentit faiblement.

Habituellement, le café fermait à 18 heures. Comme il se trouvait en haut de la côte, les clients se raréfiaient dès que la lumière commençait à baisser. Pendant les vacances d'été, il ouvrait exceptionnellement jusqu'à 20 heures pour accueillir les jeunes touristes.

Il ne restait qu'une trentaine de minutes. L'heure de la dernière commande était passée, et Kazu se mit à préparer la fermeture. Elle appela Sachi qui, comme à son habitude, l'ignora. Kazu n'avait tenté sa chance que par principe, elle s'attendait à cette absence de réaction. Elle saisit délicatement le signet qui se trouvait devant l'enfant et le plaça en silence entre les pages.

— Ah, c'est toi, fit Sachi en détachant son regard du texte comme si elle revenait à elle.

On aurait dit qu'elle remarquait tout juste que sa mère se tenait à ses côtés. Elle ne l'avait réellement pas entendue l'appeler.

— On va bientôt fermer, tu veux bien aller faire couler le bain ?

— D'accord.

Sachi sauta de sa chaise et descendit l'escalier près de l'entrée, son livre sous le bras. Les Tokita s'étaient installés au sous-sol, en dessous du café. Enfin, « sous-sol » n'est pas tout à fait le terme adéquat, car comme la rue était en pente, leur logement disposait d'une fenêtre donnant sur le port. Il serait sans doute plus juste de dire que l'appartement occupait le rez-de-chaussée du bâtiment et que le *Dona Dona* se trouvait à l'étage.

Kazu était devant la caisse en train de vérifier les comptes de la journée, quand la clochette de la porte d'entrée retentit.

Ding-dong.

La jeune femme qui avait passé sa journée à regarder par la fenêtre venait d'entrer.

J'en étais sûre, pensa Kazu. S'il s'était agi d'un autre client, elle l'aurait sans doute éconduit, mais il y avait la photo.

— Bienvenue, murmura-t-elle sans quitter la nouvelle venue des yeux.

Cette dernière s'appelait Yayoi Seto. Tout à l'heure, Kazu lui aurait donné la vingtaine, comme Nanako, mais elle n'en aurait pas mis sa main au feu. En voyant sa mine sombre, elle se dit qu'elle était peut-être plus jeune qu'elle n'en avait l'air.

Yayoi la dévisageait en silence.

— Cette personne aimerait retourner dans le passé, expliqua Reiji, qui avait rentré la pancarte.

Yayoi se tourna vers lui sans prononcer un mot, puis fixa Kazu avec circonspection. *Alors, la rumeur disait vrai ?*

— Vous connaissez les règles ? demanda Kazu.

Ce faisant, elle répondait indirectement par l'affirmative à la question que Yayoi n'avait pas osé formuler.

— Quelles règles ?

— Je lui explique ? intervint Reiji en lançant à Kazu un regard qui voulait dire *Elle n'a pas l'air d'être au courant.*

— Oui, merci.

Reiji s'approcha de Yayoi. Il se chargeait déjà très probablement des explications avant le départ de Yukari. Il n'était ni nerveux ni particulièrement enthousiaste.

— Il est tout à fait possible de retourner dans le passé, mais il y a des règles contraignantes à respecter.

— C'est-à-dire ?

— Les plus importantes sont au nombre de quatre. J'ignore quelles sont vos motivations, mais ces quatre règles suffisent à décourager la plupart des gens.

Yayoi ne s'attendait pas à ça.

— Pourquoi ? demanda-t-elle.

À l'intonation de sa voix, Kazu supposa qu'elle venait de la région du Kansai. *Si elle ne peut pas voyager dans le temps, elle sera déçue d'avoir fait le long trajet jusqu'à Hakodate.*

Reiji, qui avait perçu le trouble de Kazu, poursuivit avec assurance, en levant l'index :

— Règle numéro un. Admettons que vous retourniez dans le passé. Quoi que vous fassiez, cela n'aura aucune incidence sur le présent.

— Pardon ?

Yayoi ouvrait déjà de grands yeux étonnés, mais Reiji continua, imperturbable :

— Si vous aviez l'intention de changer de vie, c'est perdu d'avance.

— Vous pourriez être plus précis ?

— Une minute, j'y viens.

Yayoi hocha légèrement la tête, sourcils froncés.

— Imaginons que vous traversiez une mauvaise passe. Vous êtes criblée de dettes, vous avez été virée de votre travail, votre petit ami vous a plaquée, vous avez été victime d'un escroc, bref, ce n'est pas la joie, énuméra Reiji en comptant sur ses doigts. Vous pourriez retourner dans le passé, mais malgré tous vos efforts, votre argent ne reviendra pas et votre copain non plus. Aucune chance.

— Pourquoi ? demanda Yayoi.

Sous le coup de l'émotion, elle s'était exprimée avec un accent plus prononcé. Pour Reiji comme pour Kazu, il n'y avait plus aucun doute, elle venait bien de l'Ouest.

— Parce que c'est comme ça, c'est tout.

— Ce n'est pas une explication valable !

— Personne ne sait qui a fixé ces règles, ni quand, intervint Kazu sans quitter la caisse enregistreuse.

— Vraiment personne ?

— Ce café existe depuis la fin du XIXe siècle. Il paraît qu'il a toujours été possible d'y voyager dans le temps, mais nous ne savons pas pourquoi.

Reiji tira à lui la chaise la plus proche, la fit tourner sur elle-même, puis s'y assit en pesant de tout son poids sur le dossier.

— Il paraît qu'on a trouvé une lettre dans le local désert…

— Sérieusement ?

— Oui. Et dessus, il était écrit : « Quels que soient vos efforts, ce n'est pas en retournant dans le passé que vous changerez le présent. » C'est gonflé, hein ?

La plupart des gens qui veulent aller dans le passé espèrent changer le cours des choses, mais cette règle leur coupe l'herbe sous le pied. Personne n'a droit à une seconde chance.

Reiji était fasciné par l'épais mystère qui entourait ces règles, ses yeux brillaient. Selon toute évidence, Yayoi ne partageait pas son enthousiasme.

— Et à part ça ? demanda-t-elle à voix basse, d'un ton détaché.

— Vous voulez vraiment savoir ? La plupart des gens abandonnent à ce stade.

— Et à part ça ? répéta Yayoi, légèrement irritée.

Reiji haussa les épaules et poursuivit :

— Deuxièmement, on ne peut revoir que des personnes qui sont déjà venues ici.

— Vous plaisantez ?

Reiji ne se laissa pas démonter. Il continua, comme un bon petit fonctionnaire :

— Cette règle est à prendre au pied de la lettre.

— Pourquoi ?

Visiblement, l'accent de Yayoi revenait au galop dès qu'elle avait un doute ou qu'elle était contrariée.

— Parce que, selon la troisième règle, on ne peut voyager dans le temps qu'en s'asseyant à une place bien précise, qu'on ne doit en aucun cas quitter.

Yayoi se retint de demander pourquoi. Elle avait compris que, de toute façon, les employés ne lui donneraient pas de réponse satisfaisante. Ils se contenteraient d'un *parce que c'est comme ça.* Au moins, les règles étaient claires et nettes.

— Comme on ne peut pas sortir du café…, commença Reiji.

— ... on ne peut rencontrer que des personnes qui y sont déjà venues, conclut Yayoi.

— Exactement.

Reiji sourit en pointant Yayoi du doigt.

Je ne vois pas ce que ça a de drôle. Yayoi n'avait pas parlé à voix haute, mais elle avait trahi sa pensée en détournant le visage.

— À part ça..., reprit Reiji.

— Ah, parce que ce n'est pas terminé ?

— Non, je n'ai pas encore énoncé la quatrième règle. Il y a une limite de temps.

— Et j'imagine qu'il faut revenir avant qu'elle ne soit atteinte, murmura Yayoi.

Elle ferma les yeux et laissa échapper un soupir, comme si elle se demandait pourquoi elle avait fait un si long chemin. Reiji se leva de sa chaise.

— Exactement. C'est contraignant et il n'y a pas que vous que ça décourage. La plupart des personnes qui poussent la porte s'en vont quand elles entendent cette règle, dit-il en baissant la tête comme pour s'excuser.

Mais Yayoi n'avait que faire des excuses de Reiji. Ce n'était pas lui qui avait instauré ces règles stupides ! Elle avait le moral dans les chaussettes, comme de nombreux clients avant elle à ce stade.

La plupart accusaient le coup et renonçaient rapidement. Certains n'étaient pas convaincus qu'il était réellement possible de retourner dans le passé. D'autres allaient jusqu'à affirmer qu'il était impossible de voyager dans le temps et que ces règles alambiquées étaient un écran de fumée destiné à décourager les candidats. D'autres encore avaient juste besoin d'une excuse valable pour jeter l'éponge et préféraient se persuader qu'on leur avait raconté des histoires.

Kazu et Reiji ne le prenaient pas mal. Ils savaient de source sûre qu'il était possible de remonter le temps et, cette fois encore, ils demeurèrent imperturbables. Si Yayoi les avait traités d'escrocs, Kazu se serait sans doute contentée d'acquiescer en silence. C'est alors que Reiji se souvint d'un détail important. Plus tôt, Yayoi avait affirmé qu'il valait mieux mourir que d'être condamné à la solitude pour le restant de ses jours.

Le jeune homme travaillait au *Dona Dona* depuis cinq ans. Pendant toute cette période, les clients qui venaient pour remonter le temps, si déterminés soient-ils, avaient généralement renoncé en apprenant que leurs actions n'auraient aucune incidence sur le présent.

Comment ai-je pu oublier une chose pareille ? En regardant Yayoi, qui restait plantée sur place, il s'en voulait. Il avait l'impression d'être allé trop loin.

On n'entendait que le tic-tac régulier des horloges. Derrière la fenêtre qui donnait sur le port, la nuit était d'encre. Au loin, des lueurs fantomatiques perçaient çà et là les ténèbres. Elles venaient des bateaux de pêche à la seiche bardés de lanternes et semblaient flotter dans l'obscurité.

— Je comprends, dit Yayoi, avant de tourner le dos à Reiji.

Ce dernier sentait qu'il devait la retenir, mais il ne trouvait pas les mots.

— C'est vous sur cette photo ? intervint Kazu en tendant à la jeune femme le cliché que Nanako avait ramassé par terre un peu plus tôt.

Elle faisait référence au bébé.

Yayoi se précipita vers elle et lui arracha la photo des mains.

— Oui, répondit-elle en la regardant droit dans les yeux.

— J'en déduis que vos parents…

— Ils sont morts très tôt dans un accident de voiture, je ne me souviens pas d'eux.

— Je suis désolée de l'apprendre.

Elle aimerait faire leur connaissance, pensa Reiji avec satisfaction.

Si l'objectif de Yayoi était de voir ses parents, la deuxième règle serait respectée puisque la photo avait vraisemblablement été prise dans la salle. En revanche, conformément à la première règle, ils périraient quoi qu'il arrive dans un accident de voiture.

Le cas de figure s'était déjà présenté au *Funiculi Funicula.* Une habituée, Mlle Hirai, avait souhaité revoir sa sœur décédée dans des circonstances similaires. Elle savait que rien ne pourrait changer son destin, mais elle avait profité de l'entrevue pour lui promettre de rendre visite avec elle à leurs parents et pour la remercier.

Seulement, contrairement à Mlle Hirai, Yayoi venait à peine de découvrir les règles du jeu. Avant d'en avoir connaissance, elle caressait peut-être le rêve de sauver ses parents. En tout cas, elle rangea soigneusement la photo.

— Désolée pour le dérangement, lâcha-t-elle avant de se diriger vers la porte.

— Attendez ! s'exclama Reiji.

— Qu'est-ce que vous voulez ?

Yayoi s'était arrêtée, sans pour autant se retourner.

— Vous avez fait l'effort de venir jusqu'ici. Pourquoi ne pas en profiter pour revoir vos parents ?

Comme il était impossible de changer le passé, Reiji ne voulait pas se montrer trop insistant.

— Vous les aimiez beaucoup et, si les règles ne l'interdisaient pas, vous auriez aimé les sauver, non ? Dans ce cas…

— Vous vous trompez sur toute la ligne, l'interrompit Yayoi.

— Pardon ?

Yayoi dévisageait Reiji d'un air furieux. Ce dernier recula de deux pas.

— Je les déteste !

Les lèvres de Yayoi tremblaient. La cible de sa colère, ce n'était pas Reiji. Kazu s'interrompit dans sa tâche.

— Après m'avoir mise au monde, reprit Yayoi, ils n'ont rien trouvé de mieux à faire que de crever. J'ai été ballottée à droite et à gauche avant d'atterrir dans un foyer où j'ai été victime de harcèlement de la part des autres enfants. Je leur en ai toujours voulu de m'avoir abandonnée, de m'avoir condamnée à vivre cet enfer toute seule.

Elle sortit le cliché de son sac et l'agita devant Kazu et Reiji.

— Vous avez vu cette photo ? Ils sourient comme des crétins, sans se douter une seconde de ce qui m'attend à cause d'eux ! Alors…

La main qui tenait la photo tremblait. Yayoi s'efforçait de maîtriser ses sentiments. Était-ce de la rage ? de la tristesse ? Elle l'ignorait sans doute elle-même.

— Je m'étais promis que si j'avais l'occasion de les revoir, je leur balancerais tout à la figure.

— C'est pour ça que vous vouliez remonter le temps ?

— Évidemment ! Mais je ne m'attendais pas à tout ce baratin. Plus j'en entends et plus je me dis que je serais vraiment idiote de croire qu'on peut voyager dans le temps à condition de suivre ces règles débiles.

Elle avait décidé de tourner les talons, mais Reiji l'avait énervée et la digue qui retenait son amertume s'était rompue.

— Quand on ne connaît pas les gens, on s'abstient de faire ce genre de commentaires !

— Je ne voulais pas…

— Vous savez quoi ? Je me fiche complètement de ne pas pouvoir changer le présent. Au contraire ! Quoi que je dise, ça n'aura aucune conséquence, pas vrai ? Alors envoyez-moi dans le passé, que je dise le fond de ma pensée à ces deux imbéciles !

Effectivement, quand bien même elle aurait annoncé à ses parents qu'ils mourraient dans un accident de voiture, ils n'auraient pas pu y échapper. Les règles étaient catégoriques, et Yayoi entendait les tourner à son avantage. Elle fit un pas en avant.

— Allez-y, envoyez-moi ce jour-là, le jour où ils ont pris cette photo, insista-t-elle en agitant le cliché en direction de Kazu.

Je n'aime pas ça. Reiji s'en voulait d'avoir mis le feu aux poudres, il était blanc comme un linge.

Kazu, elle, gardait son calme.

— Très bien, répondit-elle.

— Quoi ?

Reiji n'en croyait pas ses oreilles.

Peu de clients persistaient une fois qu'ils avaient entendu les règles. Alors, remonter le temps pour se disputer avec ses parents ? Même si cette rencontre n'allait avoir aucune incidence sur le présent, il était possible que les choses dégénèrent.

— Tu es sûre ? Elle va leur passer un savon…

Il s'était adressé à Kazu à voix basse, mais compte tenu du calme qui régnait dans la salle, Yayoi avait parfaitement entendu.

Elle le fixa du regard. Il détourna le sien.

— Pourrais-tu lui parler de qui tu sais, s'il te plaît ? lui demanda Kazu, impassible.

Elle n'avait pas la moindre hésitation. Les gens voyageaient dans le temps pour toutes sortes de raisons qui leur appartenaient. Personne n'avait à les juger. Si une cliente voulait revoir des morts en sachant qu'elle ne pourrait pas les sauver, c'était son droit le plus strict. Et Yayoi était libre de faire une scène à ses parents si elle le souhaitait. Reiji était mal à l'aise avec cette idée, mais il s'exécuta.

— D'accord, alors écoutez-moi bien. Pour voyager dans le temps, il faut s'asseoir à une place précise, mais cette place est déjà occupée.

— Vraiment ?

— Oui.

Yayoi regarda à nouveau la salle. Elle ne voyait qu'un autre client, le vieux monsieur élégant près de l'entrée. Maintenant qu'elle y pensait, il était déjà là à son arrivée, mais il était si discret qu'elle ne l'avait pas remarqué. Il lisait un livre, immobile. Comme elle ne lui avait pas prêté attention, elle ne pouvait en être certaine, mais il n'avait peut-être pas bougé de la journée.

En regardant l'homme à nouveau, elle éprouva une sensation étrange qu'elle ne parvint pas à s'expliquer. Il semblait parfaitement à sa place dans ce café au décor rétro, mais s'il était allé se promener en ville... Yayoi était persuadée que tous les passants auraient eu la même impression qu'elle. On aurait dit qu'il était d'un autre temps.

Sa tenue, tout d'abord. Pour autant que Yayoi pouvait en juger, il était vêtu d'une queue-de-pie. Et, bien qu'il soit à l'intérieur, il portait un haut-de-forme. Il semblait tout droit sorti d'un film se passant à la fin du XIXe ou au début du XXe siècle. Bref, il ne passait pas inaperçu. Si Yayoi ne l'avait pas remarqué, c'est sans doute parce qu'il semblait faire partie du décor.

— Je suppose qu'il s'agit de cette place ? demanda-t-elle en dévisageant Reiji.

Dans son regard, il lut : « Si je m'assieds sur cette chaise, je pourrai remonter le temps ? »

— Vous supposez bien.

Yayoi s'était dirigée vers le gentleman sans attendre la réponse.

— Excusez-moi...

— Ça ne sert à rien de lui parler, souffla Reiji dans son dos.

— Pourquoi ? demanda Yayoi en lui lançant un regard circonspect.

Reiji inspira un grand coup avant de répondre :

— Parce que c'est un fantôme.

— Pardon ?

Sur le moment, Yayoi ne comprit pas.

— Qu'est-ce que vous avez dit ?
— Que c'est un fantôme.
— Un fantôme ?
— Absolument.
— Vous vous moquez de moi ?
— Pas du tout.
— Mais je le vois très nettement !

Elle imaginait sans doute les fantômes comme des êtres éthérés qui n'apparaissaient qu'à quelques élus.

— Et pourtant, il est tout ce qu'il y a de plus authentique.

Vous me prenez pour une idiote ? pensa Yayoi, mais elle ravala ses mots. Elle voulait croire qu'il était possible de remonter le temps, et elle s'apprêtait à tenter l'expérience. À quoi bon s'obstiner à refuser de croire que cet homme puisse être un fantôme, malgré les apparences ? Au point où elle en était… Elle décida d'accepter les choses telles qu'on les lui présentait. Elle inspira un grand coup et expira lentement. Jusque-là, son visage était fermé. À présent, elle semblait presque résignée.

— Qu'est-ce que je dois faire ? demanda-t-elle simplement.
— La seule solution, c'est d'attendre, répondit Reiji.
— C'est tout ?
— Il se rend aux toilettes une fois par jour, sans exception.
— Alors que c'est un fantôme ?
— Effectivement.

Yayoi soupira. *Pourquoi un fantôme irait-il aux toilettes ?* Mais poser la question n'aurait servi à rien.

— Et il faut que j'en profite pour m'installer à sa place, c'est bien ça ?

— Vous avez tout compris.
— Combien de temps je vais devoir attendre ?
— Je n'en ai pas la moindre idée.
— Mais c'est la seule solution ?
— Affirmatif.
— Très bien.

Yayoi avança jusqu'au comptoir et s'assit sur un tabouret.

— Voulez-vous boire quelque chose ? lui demanda Kazu.

Yayoi réfléchit un instant.

— Une infusion au yuzu et au gingembre, s'il vous plaît. Chaude.

C'était l'été, mais à cette heure-là, il faisait un peu frais dans la salle. Même à la belle saison, à Hakodate, il n'est pas toujours nécessaire d'allumer la climatisation, y compris dans la journée.

— Je vous apporte ça tout de suite, dit Kazu en se dirigeant vers la cuisine.

— Je m'en occupe, l'arrêta Reiji.

— Mais…

Il était plus de 20 heures et le jeune homme n'était plus de service.

— Au point où j'en suis…

À son regard, Kazu comprit qu'il voulait savoir ce qui allait arriver à Yayoi. Assise sur son tabouret, cette dernière regardait par la fenêtre sans prêter attention au vieil homme.

— Rien ne les obligeait à avoir un enfant, dit-elle au bout d'un moment, comme si elle se parlait à elle-même, en observant les lanternes des pêcheurs.

C'était sorti d'un coup, mais Kazu comprit instantanément où la jeune femme voulait en venir. Plus tôt dans la journée, Nagare avait parlé de son épouse, Kei, à Nanako et à Saki. Kei avait choisi de mettre Miki au monde contre l'avis des médecins, qui l'avaient avertie qu'une grossesse mettait sa vie en danger. Kazu se souvenait que Yayoi avait jeté un regard sévère à Nagare en l'écoutant raconter son histoire. Elle avait fait le parallèle entre la situation des Tokita et la sienne, et désapprouvait le choix de Kei.

Leur fille a eu de la chance. Si elle avait dû se débrouiller toute seule comme moi, elle en aurait voulu à sa mère de lui avoir donné le jour.

Kei était morte peu après la naissance de Miki, mais cette dernière avait pu compter sur son père, sa tante et les habitués du café. Elle s'était sans doute sentie seule par moments, mais elle n'avait pas grandi en pensant qu'elle ne pouvait s'appuyer sur personne. Elle se savait soutenue, protégée. Elle était orpheline de mère, certes, mais c'était une jeune fille débordante de vie et bien dans sa tête. Ce que Yayoi ignorait, évidemment. Loin de remettre en question le choix de sa mère, Miki l'avait même remerciée de lui avoir donné la vie, quand cette dernière était venue du passé. Cela dit, que serait-il arrivé si les circonstances avaient été différentes ? Si ni Nagare ni Kazu n'avaient été présents ? Si elle n'avait pas été si bien entourée ?

« Il vaut mieux mourir que d'être condamné à la solitude pour le restant de ses jours », avait affirmé Yayoi plus tôt dans la journée. Un petit orphelin ne peut survivre si personne ne le prend sous son aile.

Yayoi ne s'était pas retrouvée livrée à elle-même, mais elle n'avait pas eu la chance d'être recueillie par des adultes suffisamment fiables.

Après le décès de ses parents, elle avait dans un premier temps été hébergée par son oncle maternel et l'épouse de ce dernier. Ils étaient de bonne volonté, mais le timing n'était pas idéal, car la femme venait d'accoucher et s'était retrouvée d'un coup avec un nouveau-né et une orpheline de six ans sur les bras. Elle ne savait pas comment s'y prendre et accumulait les échecs. Elle voulait aimer la petite, mais avait parfois du mal à supporter sa présence, ce qui la faisait culpabiliser.

C'est déjà assez dur avec un enfant, pourquoi je devrais en plus m'occuper de la fille d'une autre ?

Quel que soit leur âge, les enfants observent et comprennent les moindres réactions des adultes. Yayoi commença à se montrer réservée avec le couple, ce qui agaça encore davantage la femme de son oncle. Elle fut alors confiée à la sœur aînée de son père, qui avait trois filles.

L'aînée était en dernière année d'école primaire et la plus jeune avait un an de moins que Yayoi, alors âgée de sept ans. Sa tante paternelle avait l'habitude des enfants et l'avait tout de suite acceptée. Mais là aussi, il y avait un hic. Si les adultes ressentaient de la compassion pour l'orpheline, les petites filles ne voyaient en elle qu'une intruse qui leur disputait l'attention de leurs parents. Plus ces derniers s'efforçaient de traiter Yayoi comme leur propre enfant, plus elles la détestaient et s'arrangeaient pour l'exclure. Elles ne s'en prenaient pas à elle physiquement, mais elles faisaient comme si elle n'existait pas. Devant leurs parents, elles se comportaient comme de véritables sœurs, et en leur absence, elles l'ignoraient. Une fois de plus, Yayoi comprit qu'elle n'était pas la bienvenue, mais elle n'avait nulle part d'autre où aller. Elle souffrait en silence, sans personne à qui se confier. Et naturellement, elle commença à en vouloir à ses parents.

Ces blessures d'enfance avaient profondément influé sur sa personnalité. Pour elle, avancer seule dans la vie, c'était n'exister aux yeux de personne, c'est-à-dire ne pas exister. À ce compte-là, autant ne pas vivre du tout.

Yayoi avait bu à peu près la moitié de son infusion. Les lanternes des pêcheurs s'étaient éloignées et semblaient avoir rétréci.

Soudain, on entendit le bruit caractéristique d'un livre qu'on referme.

— Ah ! s'exclama Yayoi en constatant que le vieux gentleman était sur le point de se lever.

Ce dernier ne semblait pas avoir perçu sa réaction. Il se dirigea sans bruit vers les toilettes, dont la porte s'ouvrit et se referma en silence. Sans le claquement du livre, Yayoi ne se serait sans doute rendu compte de rien. Elle se leva du tabouret.

— Je peux ? demanda-t-elle à Kazu à voix basse, même si c'était une précaution parfaitement inutile.

— Bien sûr.

Yayoi se dirigea lentement vers la chaise désormais vide, sans parvenir à étouffer le son de ses pas. Elle avait la sensation que son cœur battait au ralenti. On n'entendait aucun bruit en provenance des toilettes. Elle se dit que le vieil homme était peut-être un fantôme, après tout, et cette pensée lui fit froid dans le dos.

— Va chercher Sachi, murmura Kazu à Reiji.

Yayoi ne comprit pas pourquoi la présence de l'enfant était requise, mais Reiji acquiesça et descendit l'escalier. Yayoi le suivait des yeux quand, soudain, elle remarqua que Kazu se tenait à ses côtés avec un plateau. En d'autres circonstances, elle aurait crié de surprise, mais Kazu s'était déjà écartée avec la tasse du vieil homme. Elle passa un coup de chiffon sur la table.

— Je vous en prie, dit-elle en indiquant la chaise à Yayoi, avant de retourner derrière le comptoir.

— Merci, répondit Yayoi machinalement, et elle se glissa entre la table et le siège.

Ce dernier – une vieille chaise de style anglais, presque une antiquité – lui sembla avant tout *banal*. L'assise était plutôt ferme, avec un motif floral. Yayoi s'attendait à ressentir une décharge électrique ou quelque chose de cet ordre, mais rien ne se produisit. Elle aurait aimé qu'un détail, n'importe lequel, lui donne la sensation d'être sur le point de remonter le temps, mais tout était si tristement normal que le doute s'insinua dans son esprit. C'est alors que la voix de Kazu lui parvint depuis le comptoir :

— Mon collègue vous a parlé d'une limite de temps, vous vous souvenez ?

— Oui.

— Ma fille va vous servir un café…

— Pardon ?

— Vous ne pourrez voyager que tant qu'il restera chaud.

— Attendez, je ne peux pas commander autre chose ? protesta Yayoi, qui avait besoin d'une explication qui tienne la route. D'ailleurs, pourquoi ce serait votre fille qui me le servirait et pas vous ? continua-t-elle. C'est obligatoire ? Ça refroidit vite, un café, non ? On n'a pas plus de temps que ça ? Sérieusement ?

Elle avait dit à voix haute tout ce qui lui passait par la tête. La nouvelle l'avait sans doute désarçonnée, car elle avait oublié ce qu'on lui répondait systématiquement : « C'est la règle. »

Si on lui servait un thé noir ou un chocolat chaud à la place d'un café, elle n'irait nulle part. Même Kazu ignorait pourquoi. Mais la variété utilisée n'avait rien de particulier : n'importe quels grains du commerce faisaient l'affaire et il n'y avait pas de procédure particulière pour les moudre. L'extraction pouvait se faire à l'aide d'un porte-filtre ou d'une cafetière à siphon, ça n'avait aucune espèce d'incidence. En revanche, et personne ne savait pourquoi, le café devait impérativement être servi dans une cafetière en argent qui se transmettait de génération en génération. Finalement, c'était pratique de pouvoir s'abriter derrière des règles.

Au bout d'un moment, Reiji réapparut.

— Sachi se change, elle arrive tout de suite.

— Merci, répondit Kazu.

Elle s'approcha de Yayoi, qui baissait la tête, dépitée de ne pas avoir obtenu de réponse à ses questions.

— Une dernière chose…

— Ah, parce que ce n'est pas terminé ? soupira Yayoi.

— Vous devez impérativement revenir dans le présent avant que le café refroidisse.

Le ton de Kazu avait changé. *Elle me met en garde,* comprit Yayoi.

— Avant qu'il refroidisse ?

— Vous avez bien entendu.

Yayoi ne s'aventura pas à demander pourquoi : elle connaissait la réponse d'avance.

— C'est une règle de plus ?

— Oui.

Une règle à respecter à tout prix.

— Et si… et si je ne finissais pas ma tasse ? demanda Yayoi pour la forme.

— Eh bien…

— Quoi ?

— Vous deviendriez un fantôme à votre tour et seriez condamnée à passer l'éternité sur cette chaise.

Kazu avait répondu sur un ton égal, mais ses mots étaient lourds de sens. La tension était montée d'un cran. Ne pas terminer sa tasse serait du suicide. Ce qui n'avait pas l'air d'effrayer Yayoi.

— Merci, se contenta-t-elle de répondre.

On entendit des pas claquer dans l'escalier, puis Sachi fit son apparition, suivie de Nagare.

La petite fille portait une robe blanche, sur laquelle elle avait enfilé un tablier bleu clair, réplique parfaite en taille enfant de celui de Kazu.

— Maman…

Sur son visage, il n'y avait pas la moindre trace d'inquiétude ou d'hésitation. Soit parce qu'elle savait parfaitement ce qu'on attendait d'elle, soit parce qu'elle n'était qu'une petite fille de sept ans, insouciante. Kazu hocha la tête.

— Tu peux commencer les préparatifs, dit-elle.

— D'accord !

Sachi trottina vers la cuisine et Nagare la suivit au cas où elle aurait besoin d'aide. Yayoi n'avait pas bougé. Elle regardait dans le vague d'un air absent.

Reiji se pencha vers Kazu en lorgnant du côté de Yayoi et murmura :

— Ça va aller ?

Visiblement, il ne voulait pas que la cliente l'entende, et Kazu ne lui demanda pas à quoi il faisait référence. Elle débarrassa la tasse dans laquelle Yayoi avait bu son infusion au gingembre et au yuzu.

— Quand on leur annonce qu'ils risquent de connaître le même sort que le gentleman, la plupart des gens sont étonnés ou renoncent à leur projet. Les autres règles sont contraignantes, mais ne leur font courir aucun risque…

Kazu se mit à laver la tasse dans le petit évier qui se trouvait derrière le comptoir.

— … mais elle, ça n'a l'air de lui faire ni chaud ni froid, compléta Reiji.

Puis, un ton encore plus bas :

— J'ai un mauvais pressentiment…

Kazu ferma le robinet sans répondre.

— Elle arrive, fit Nagare depuis la cuisine.

Au même moment, Sachi fit son apparition. D'un air peu assuré, elle portait à la hauteur des yeux un plateau sur lequel trônaient une cafetière en argent et une tasse d'un blanc immaculé qui tremblait en cliquetant sur sa soucoupe. Suivie de près par sa mère, Sachi s'approcha de Yayoi.

— Kazu…, commença Reiji sur un ton inquiet.

— Tout va bien se passer, répondit cette dernière sans lui accorder un regard.

Comme Sachi n'était pas encore capable de poser la tasse devant un client en tenant le plateau d'une seule main, Kazu lui servait d'assistante. Elle se saisit du plateau, puis Sachi attrapa la tasse à deux mains et la posa devant Yayoi.

— Vous lui avez expliqué les règles ? demanda-t-elle en tendant la main vers la cafetière.

Comme elle n'avait pas assisté à la conversation, elle voulait savoir si elle devait les détailler une à une. Malgré son jeune âge, elle connaissait la marche à suivre.

— Oui, ne t'inquiète pas, répondit Kazu en souriant.

— Merci.

Sachi se tourna vers Yayoi, la cafetière à la main.

— Vous êtes prête ?

— Oui, dit cette dernière en baissant les yeux pour éviter ceux de l'enfant.

Reiji et Nagare observaient la scène, une expression indéchiffrable sur le visage. Reiji craignait que Yayoi ne revienne jamais du passé, tandis que Nagare se demandait si Sachi allait s'en sortir. Seule Kazu semblait indifférente.

— Dans ce cas…

Sachi échangea un regard avec Kazu, puis sourit.

— … revenez avant que le café refroidisse, poursuivit-elle avant de commencer à remplir précautionneusement la tasse.

Sachi se concentrait de toutes ses forces. La cafetière était encore un peu lourde pour elle, et elle avait beau tenir l'anse à deux mains, le bec tremblait légèrement.

Elle est mignonne, pensa Yayoi.

À cet instant, une volute de vapeur s'éleva lentement de la tasse de café pleine. Autour de la jeune femme, le décor se mit à onduler.

— Ah, s'exclama-t-elle malgré elle.

Ce n'était pas le bâtiment qui tremblait, c'était elle. Elle ne faisait plus qu'un avec la vapeur, et autour d'elle le décor commença à défiler de haut en bas. La salle lui apparut comme dans un kaléidoscope à différents moments du jour et de la nuit, de la nuit et du jour. Elle n'aurait pas su dire si ce moment avait duré une éternité ou une fraction de seconde.

Je remonte le temps.

Elle ferma les yeux. Elle n'avait pas peur. Elle était déterminée. Une seule chose comptait : elle devait trouver un moyen de faire souffrir ses parents plus qu'elle. Ça n'apaiserait pas sa douleur, mais ce serait sa vengeance.

Ils le méritaient. Ils l'avaient abandonnée.

À l'école, Yayoi avait toujours détesté les journées portes ouvertes. Leur fréquence dépend des établissements, mais dans son école primaire, elles avaient lieu trois fois par an.

— Tu n'as pas de vraie maman, toi ? lui demandaient les autres enfants.

Il lui arrivait de se battre avec des garçons qui se moquaient d'elle ouvertement. Mais ce qui l'énervait au plus haut point, c'était quand ses camarades disaient qu'ils ne voulaient pas que leurs parents viennent. Elle aurait beau faire tous les efforts du monde, ses parents à elle ne seraient jamais présents. Elle en aurait pleuré de rage. Elle avait beaucoup souffert d'être orpheline, à tous les stades de sa vie.

Ma vie est fichue.

Elle avait commencé à broyer du noir dès l'école primaire. En dernière année, elle s'était mise à laisser éclater la colère refoulée à la maison. Dépassée, sa tante l'avait confiée à l'aide sociale à l'enfance, ce qui n'avait fait que renforcer son sentiment d'exclusion. Elle avait l'impression que personne ne comprenait ce qu'elle ressentait, qu'elle ne pouvait compter que sur elle-même. Elle se renferma dans sa coquille.

Au collège, elle cessa d'aller en classe. Les autres élèves avaient des parents, eux. Ils lui semblaient heureux. Quand elle les entendait parler de leur famille, non seulement ça la faisait enrager, mais elle se mettait à les détester. C'était un supplice. Pourquoi se serait-elle forcée à endurer ça ?

Évidemment, elle n'alla pas non plus au lycée. Elle trouva un petit boulot et ne rentra plus au foyer. Elle vivait au jour le jour, dormant dans des cybercafés. Elle était devenue ce qu'on appelle une « réfugiée du net ». Quand il ne faisait pas froid, il lui arrivait aussi de passer la nuit dehors.

Combien de larmes avait-elle versées en essayant de s'abriter de la pluie et du vent, allongée sur un sol trop dur ? Elle ne savait ni pourquoi elle était née, ni ce qui la poussait à essayer de survivre malgré toutes ses difficultés, mais il aurait été trop triste de mourir ainsi. Elle n'aurait pas su dire quand, mais à un moment donné, retrouver le café dans lequel la seule photo qu'elle possédait de ses parents avait été prise était devenu son unique raison de vivre.

Six mois plus tôt, elle avait aperçu en ligne un cliché dont le décor lui avait semblé familier. Il avait été pris à l'intérieur d'un café au pied du mont Hakodate, dans la ville du même nom. Une légende urbaine prétendait que dans cet établissement, il était possible de remonter le temps.

Si c'était vrai…

Jusque-là, Yayoi ne gagnait que le strict minimum pour survivre. Pendant six mois, elle travailla comme une forcenée pour avoir de quoi se payer un billet d'avion pour Hakodate.

Si je pouvais remonter le temps, revoir mes parents, je leur dirais à quel point j'en ai bavé depuis qu'ils sont morts, pensait-elle en regardant la photo sur laquelle ils avaient l'air si heureux. *Ma vie est fichue, il est trop tard pour revenir en arrière. Je voudrais qu'ils ressentent ne serait-ce que dix, non, un pour cent de ce que j'ai souffert. Après ça, je pourrai mourir. Il est hors de question que je claque avant !*

C'est dans cet état d'esprit qu'elle avait poussé la porte du *Dona Dona.* Elle avait acheté un aller simple, n'ayant pas les moyens de se payer le billet de retour.

La lumière aveugla Yayoi, et au même instant elle sentit à nouveau ses membres. Elle ouvrit lentement les yeux.

La fenêtre qui lui faisait face laissait entrer les rayons du soleil. Elle ne voyait plus les lampes danser sur une mer d'encre. À la place, elle pouvait admirer un ciel bleu sans nuages et le port de Hakodate, comme dans l'après-midi.

J'ai remonté le temps, comprit-elle instantanément.

La nuit avait cédé la place au jour. La petite Sachi et sa mère n'étaient plus là. Dans la salle, il y avait deux garçons qui semblaient avoir entre vingt-cinq et trente ans et une femme assise près de la fenêtre. Derrière le comptoir se tenait la femme de la photo, tout sourire.

Yayoi croisa brièvement son regard, mais Yukari, car c'était elle, se contenta d'un hochement de tête à peine perceptible, sans interrompre sa conversation avec les trois autres.

— Alors ? Vous avez trouvé un nom pour votre duo ?

— Oui, répondit un des deux garçons, un costaud qui portait des lunettes à monture argentée.

— Et c'est quoi ?

— Porondoron ! dit le deuxième, un grand maigre à la voix perçante.

Yayoi n'en revenait pas. Le duo Porondoron avait connu un succès fulgurant quelques années auparavant. Le grand maigre devait être Hayashida, celui qui jouait l'idiot, et le costaud à lunettes Todoroki, celui qui le tournait en dérision sur scène. Ils étaient assez célèbres pour que même Yayoi les reconnaisse. En revanche, les humoristes n'étaient plus si jeunes. Aucun doute, elle était bien dans le passé.

— Porondoron ? répéta Yukari à voix basse.

— Qu'est-ce que tu en penses ? demandèrent les deux garçons à l'unisson en guettant sa réaction.

Ils semblaient la traiter comme une grande sœur. Ils retenaient leur souffle en attendant le verdict.

— J'aime bien ! Avec un nom pareil, c'est le succès assuré !

Leurs visages s'illuminèrent.

— Ouf !

— Tant mieux !

— On voulait tellement t'impressionner qu'on y a réfléchi toute la nuit…

— Le pire, c'est que c'est vrai !

Ils étaient ravis.

— Je suis sincère ! En plus, c'est facile à retenir, Doronderon…

— Porondoron !

— Comment ?

Elle avait écorché leur nom de scène. Après avoir affirmé qu'il était facile à retenir, qui plus est.

— On croyait que c'était le succès assuré ?

— Oups, désolée, dit Yukari en joignant les mains.

— Personne ne joue l'idiote aussi bien que toi, Yukari ! dit Todoroki en riant.

— Ça, c'est vrai, renchérit Hayashida avec un soupir forcé.

— On ne devrait peut-être pas tarder à y aller, dit la fille qui se tenait à l'écart.

Elle semblait plus jeune que Todoroki et Hayashida, mais son teint clair et ses traits harmonieux lui donnaient un air posé. Elle faisait référence à l'avion qu'ils devaient prendre.

— Tu les accompagnes, Setsuko ?

— Évidemment !

— Bon courage…

— Ce sont ces deux clowns qui vont faire tout le boulot ! dit Setsuko en esquissant un sourire.

— Qui tu as traité de clowns ?

Todoroki soupira d'un air joyeux. C'est le moment que Yukari choisit pour se tourner vers Yayoi.

— Vous venez du futur ? lui demanda-t-elle comme si elle poursuivait la conversation.

C'était leur première rencontre, mais elle ne daigna pas s'incliner.

— Ou… oui, répondit Yayoi sans réfléchir.

— Ah, fit Todoroki qui s'apercevait juste de la présence de Yayoi. On vous laisse, on a un avion à prendre ! dit-il en tendant la main vers la grande valise posée à côté de lui.

Si Yukari était comme une sœur pour lui, il connaissait forcément les règles du café.

— Bonne chance, je croise les doigts pour vous !

Les trois jeunes gens s'inclinèrent poliment et sortirent du café.

Ding-dong.

Yukari les avait raccompagnés comme si de rien n'était, mais ils s'étaient peut-être hâtés vers la sortie par égard pour Yayoi. Si elle était assise à cette table, c'était pour rencontrer quelqu'un, et le temps lui était compté.

— C'est un duo comique, ils montent à Tôkyô pour tenter leur chance, expliqua Yukari au lieu de demander à Yayoi qui elle était venue voir. C'est beau de poursuivre ses rêves, vous ne trouvez pas ? enchaîna-t-elle comme si elle s'adressait à une habituée. Comment vous vous appelez ?

— Pardon ?

— C'est quoi, votre nom à vous ? Vous n'en avez pas ?

— Yayoi.

— Yayoi ?

— Oui.

— C'est joli, dit Yukari en joignant les mains devant sa poitrine comme pour prier.

Insensible au compliment, Yayoi ne changea pas d'expression. Tout juste baissa-t-elle les yeux.

— Qu'est-ce qu'il y a ?

— Je déteste ce prénom.

— Pourquoi ? C'est mignon…

— J'en veux à mes parents et ce sont eux qui me l'ont donné.

— J'imagine que vous êtes venue leur dire leurs quatre vérités, dit Yukari en se penchant par-dessus le comptoir, les yeux brillants de curiosité.

Mêle-toi de ce qui te regarde, pensa Yayoi. Elle était plus gênée par la curiosité de Yukari que par le fait que ses intentions avaient été percées à jour.

— Ça vous pose un problème ? demanda-t-elle, visiblement agacée.

Elle se doutait bien que ce n'était pas une bonne idée de se disputer avec la première personne qu'elle rencontrait dans le passé, mais elle n'avait pas pu s'en empêcher. Heureusement, Yukari n'avait aucune intention de la sermonner.

— Balancez-leur tout ce que vous avez sur le cœur ! lui conseilla-t-elle en serrant le poing. De toute façon, ça n'aura aucune influence sur votre avenir.

— Cette femme est vraiment bizarre…

Sans s'en rendre compte, Yayoi s'était exprimée à voix haute. Le pire, c'est que ses parents ne faisaient pas mine d'arriver.

Je ne me suis quand même pas trompée de jour ?

D'ailleurs, elle ne se souvenait pas d'avoir demandé comment procéder pour arriver à la date désirée. Elle avait vaguement souhaité remonter jusqu'au jour où la photo avait été prise, et c'était tout.

— Mince…

Elle se rappela la conversation entre Nagare et les habituées. Il était sorti téléphoner parce que sa femme s'était trompée de cinq ans en allant dans le futur. Elle n'avait pas saisi tous les détails, mais elle se souvenait de s'être demandé comment il était possible de se planter à ce point.

En tout cas, d'après l'âge des comiques de Porondoron, elle était bien retournée une vingtaine d'années en arrière, il n'y avait pas de doute. Seulement, la date n'était qu'une partie de l'équation. Il y avait aussi l'heure.

Yayoi n'avait pas pensé à un horaire en particulier. Elle avait juste souhaité se rendre au jour de la photo. Une journée dure vingt-quatre heures, un café refroidit en quinze minutes. Si elle ne rencontrait pas ses parents au cours de ces quinze minutes, elle aurait remonté le temps pour rien. Si seulement l'heure avait été inscrite au dos de la photo, à côté de la date…

Une minute ! Si je me souviens bien…

Yayoi fouilla dans son sac et en sortit le cliché. Elle avait vu juste. L'horloge figurait bien sur la photo, derrière ses parents et Yukari.

Elle indiquait 13 h 30.

Yayoi regarda à nouveau l'horloge, dans la salle cette fois.

Il était 13 h 22.

Plus que huit minutes !

Elle prit la tasse entre ses mains pour vérifier la température du café. Il n'était plus chaud. Enfin, il n'était plus brûlant, mais il était encore loin d'être froid.

Elle soupira de soulagement. Ses parents n'allaient pas tarder, et elle pourrait vider son sac comme prévu.

À ce moment-là, la clochette de la porte d'entrée tinta.

Ding-dong.

Yayoi était nerveuse.

Je vais enfin les rencontrer, pensa-t-elle.

Sa respiration s'accéléra.

Comment ça, « enfin » ? Elle était censée leur en vouloir.

— Ça alors, quelle bonne surprise ! s'écria Yukari en allant au-devant de Miyuki Seto, qui portait un bébé, et de son mari Keiichi.

Elle serra Miyuki dans ses bras avec douceur, comme pour l'envelopper.

— Félicitations ! C'est aujourd'hui que tu sortais de l'hôpital ? Vous auriez dû me prévenir, je serais allée vous chercher ! Vous êtes passés exprès pour me voir ? Rien n'aurait pu me faire plus plaisir ! Le monde peut bien s'effondrer demain, je m'en fiche ! dit-elle d'une traite.

Elle avait l'air ravie.

— Tu exagères toujours, répondit Keiichi en riant.

À ses côtés, Miyuki souriait également.

Logiquement, ils étaient vêtus comme sur la photo. Dans les bras de Miyuki, l'enfant portait un kimono de naissance bleu clair. Miyuki se rendit compte que Yayoi les observait et s'inclina légèrement en souriant.

— Il est mignon, c'est une fille ? demanda Yukari.

— Oui.

— Voyons à qui elle ressemble, continua-t-elle en regardant tour à tour les parents.

— C'est forcément le portrait de ma femme, sinon, elle ne serait pas si jolie, dit timidement Keiichi.

— Ça, c'est certain…

— Hé ! Tu es censée me contredire !

— Oups, désolée !

— Pff…

L'ambiance était amicale, joyeuse.

Yayoi sentait la colère monter.

Ils ont l'air heureux, ces égoïstes.

Elle avait tellement souffert.

Tout ça parce que vous êtes morts…

La froideur de ses sœurs adoptives, la déscolarisation, les petits boulots au jour le jour, tous ces souvenirs lui étaient revenus d'un coup.

Après tout ce que j'ai traversé…

Cela dit, elle ne ressentait pas que de la colère. À peine deux à trois mètres la séparaient de sa famille, mais elle avait l'impression qu'une immense barrière se dressait entre eux. D'un côté, le bonheur, de l'autre, le désespoir. Elle se sentait exclue. Même les règles, qui lui interdisaient de quitter sa place, jouaient contre elle. L'amertume la gagnait.

Pourquoi il n'y a que moi qui paie les pots cassés ?

Le simple fait de regarder ses parents lui faisait mal. Ses épaules se mirent à trembler, des larmes de frustration coulaient de ses yeux baissés. Elle était seule, et personne ne pouvait rien pour elle. Au moment où elle pensait *Tant pis si le café refroidit et que je deviens un fantôme*, elle entendit une voix féminine qui disait :

— Je pensais qu'il valait mieux mourir que d'être condamnée à la solitude.

Quoi ?

C'était exactement les mots qu'elle avait employés dans l'après-midi.

Qui a parlé ?

Elle ne voyait qu'une possibilité.

Ne me dites pas que…

Elle releva la tête. Keiichi tenait l'enfant dans ses bras pendant que Miyuki s'inclinait profondément devant Yukari.

Miyuki se redressa et poursuivit :

— Je ne sais pas comment te remercier.

— Me remercier ?

— Absolument.

Yayoi ignorait à quoi sa mère faisait référence. À son arrivée, elle semblait radieuse, et sur la photo, son mari et elle avaient l'air parfaitement heureux.

Qu'est-ce qui lui prend ?

— Mes parents ont disparu quand j'avais quatre ans et personne de ma famille ne voulait vraiment de moi.

Ah bon ?

Yayoi n'en croyait pas ses oreilles. Elle ignorait que sa mère avait été abandonnée quand elle était petite.

— Je sais…

— Mon oncle et sa femme ne m'ont pas autorisée à aller au lycée, il était hors question pour eux de continuer à me nourrir gratuitement. J'ai commencé à travailler, mais j'étais maladroite et j'enchaînais les bourdes…

— Tu me l'as déjà dit…

— Dans mon entreprise, j'étais victime de harcèlement. Quand j'ai fini par démissionner, mon oncle m'a mise à la porte en me reprochant d'être incapable de prendre sur moi.

— C'est vraiment affreux…

— À l'époque, j'avais l'impression d'être la seule à en baver. Je m'imaginais que les autres étaient heureux, je me demandais ce que j'avais fait pour mériter ça. Je pensais que la vie ne valait pas la peine d'être vécue.

Yukari avait les larmes aux yeux.

— Il y a cinq ans, si tu ne m'avais pas adressé la parole alors que j'étais sur le point de me jeter dans le port en plein hiver…

— Je m'en souviens comme si c'était hier…

— Si je n'avais pas poussé la porte de ce café…

— Je t'ai littéralement traînée jusqu'ici !

— … je n'aurais pas connu le bonheur que je vis aujourd'hui.

— Tu te trompes sur ce point…

— Merci du fond du cœur !

Miyuki s'inclina à nouveau avec gratitude. Yayoi n'en revenait pas. C'était la première fois qu'elle entendait cette histoire. Comme elle, sa mère avait été séparée de ses parents très jeune. Elle avait été forcée de rentrer dans la vie active après le collège et avait été victime de harcèlement. Elle avait souffert. Et elle avait voulu mourir.

Et pourtant…

Il y avait une différence. Yayoi n'était pas satisfaite de sa vie, alors que Miyuki avait trouvé le bonheur.

Qu'est-ce qui s'était passé ?

Qu'est-ce qui les distinguait ?

Yayoi était si concentrée sur la conversation qu'elle en oubliait de respirer.

— Relève la tête, dit Yukari.

Miyuki s'exécuta lentement.

Yukari la regardait avec bienveillance.

— Tu n'as jamais baissé les bras. Je suis fière de toi. Je ne suis pas magicienne, ce n'est pas parce que je t'ai adressé la parole ce jour-là que ta vie a changé. Tu étais dans la mouise, mais tu étais décidée à avancer et à être heureuse un jour. C'est cette volonté qui t'a amenée jusqu'ici.

Miyuki écoutait Yukari parler en acquiesçant régulièrement. Des larmes coulaient de ses yeux.

— Relève la tête, enfin ! Tu es une battante. Ton bonheur, c'est à toi, et à toi seule, que tu le dois !

Miyuki acquiesça à nouveau et se redressa. Puis elle sourit franchement à travers ses larmes.

— Je préfère ça ! dit Yukari en souriant à son tour, satisfaite. Au fait… comment vous l'avez appelée, cette petite merveille ?

— Excuse-moi, j'avais complètement oublié !

Miyuki se tourna vers Keiichi, qui lui tendit l'enfant. Yayoi connaissait la réponse.

— Elle s'appelle Yayoi, annonça Miyuki.

— Ah bon ?

Un long silence s'ensuivit. L'espace d'un instant, le regard de Yayoi croisa celui de Yukari.

— Alors comme ça, tu t'appelles Yayoi ? murmura Yukari en caressant la joue du bébé. C'est un très joli prénom.

L'enfant sourit comme le font les bébés, en plissant le visage de contentement.

Dong.

L'horloge du *Dona Dona* sonnait un seul coup pour marquer les demi-heures. Il était donc 13 h 30.

Yayoi regarda la position des aiguilles sur la photo.

Keiichi sortit un appareil photo de son sac.

— On prend une photo en souvenir ? demanda-t-il en reniflant.

— Excellente idée ! répondit Yukari, qui saisit l'appareil et trottina jusqu'à Yayoi.

— Hein ?

Yayoi ouvrit les yeux comme des soucoupes.

— Est-ce que vous accepteriez de nous prendre en photo ? demanda Yukari en lui tendant l'appareil.

— Euh…

Miyuki et Keiichi la regardaient, pleins d'espoir.

— S'il vous plaît, demanda Miyuki en s'inclinant.

— D'accord.

Yayoi saisit l'appareil et regarda dans le viseur.

Cette photo…

Miyuki se tenait au centre avec son bébé, entourée de Keiichi et de Yukari. Derrière eux, la grande horloge indiquait 13 h 30. La fenêtre inondait la pièce de lumière. Cette scène, elle la connaissait par cœur.

Elle posa le doigt sur le déclencheur.

— Il suffit d'appuyer ici, c'est bien ça ?

— Exactement ! répondit Yukari.

Dans le viseur, Yayoi vit Miyuki lui sourire.

Ah…

Depuis le décès de ses parents, chaque fois qu'elle avait regardé cette photo, Yayoi s'était sentie exclue. Elle venait de comprendre son erreur. Elle figurait sur l'image. Dans les bras de sa mère, elle aussi était heureuse.

— Vous êtes prêts ? Souriez !

Sa vue se troublait, elle ne voyait plus grand-chose. Elle appuya sur le déclencheur.

— Merci !

— De rien, répondit Yayoi en évitant le regard de sa mère.

Elle rendit l'appareil à Yukari sans un mot.

— Je croyais que vous aviez prévu de vous plaindre ? murmura cette dernière d'un air malicieux.

Yukari savait qui Yayoi était venue rencontrer.

— J'ai changé d'avis, répondit Yayoi, même si ça lui coûtait un peu de l'admettre.

Elle toucha la tasse. Le café était à peine tiède.

Moi aussi, je vais me battre, et qui sait…

Elle vida la tasse d'une seule gorgée.

Son corps se mit à ondoyer. Prise de vertige, elle sentit qu'il se muait en vapeur et s'élevait vers le plafond. Elle vit que ses parents assistaient à la scène. Elle savait qu'elle ne les reverrait jamais. Dans un sursaut de conscience, elle trouva la force de crier :

— Maman ! Papa !

Elle ne saurait jamais s'ils l'avaient entendue.

Derrière la fenêtre, Yayoi aperçut les lanternes des pêcheurs. Il faisait à nouveau nuit, la salle était plongée dans une lumière tamisée aux tons orangés.

— Ah…

Elle était de retour.

Ses parents n'étaient plus là. Sachi la dévisageait d'un air inquiet et Kazu les couvait toutes deux du regard.

C'est réel…

Sur la photo, Miyuki arborait le sourire que Yayoi avait vu dans le viseur.

Je n'ai pas rêvé…

Yayoi ferma lentement les yeux. Ses épaules tremblaient.

Dong.

L'horloge avait sonné, il était 20 h 30.

Le vieil homme élégant était sorti des toilettes et se tenait devant Yayoi.

— Ah, excusez-moi…

Elle se leva en hâte et lui céda sa place.

Le vieil homme s'inclina respectueusement, puis se glissa sans bruit entre la table et la chaise.

— Comment ça s'est passé ? demanda Kazu.

Elle débarrassa la tasse de Yayoi et servit un café au gentleman.

— Je… je n'étais pas aussi seule que je le pensais, répondit Yayoi, le cliché à la main.

Son visage semblait impassible, mais ses yeux étaient humides.

— Tant mieux, dit Kazu, égale à elle-même.

Reiji, qui avait craint que Yayoi ne revienne pas du passé, poussa un long soupir de soulagement et s'assit sur la chaise la plus proche. Yayoi, ignorant la frayeur qu'elle lui avait causée, se dirigea d'un pas léger vers la caisse.

— Combien je vous dois ? demanda-t-elle d'une voix claire.

Kazu était plus près de la caisse que Reiji. Il aurait été naturel que ce soit elle qui se déplace, c'est d'ailleurs ce qu'elle faisait habituellement, mais cette fois, elle resta près de la chaise qui permettait de remonter le temps. Dans ces cas-là, Reiji réagissait au quart de tour. Il se leva, et il était sur le point de se diriger vers la caisse quand Kazu l'arrêta d'un geste.

Qu'est-ce qui lui prend ? se demanda Reiji.

— Ce n'est pas terminé, dit Kazu à l'intention de Yayoi en observant le vieil homme.

À cet instant, ce dernier se transforma en une colonne de vapeur qui s'éleva vers le plafond. Une femme vêtue d'un caban crasseux se matérialisa à sa place.

Kazu et Nagare avaient l'habitude, et ils ne s'en émurent pas particulièrement. Pour Sachi, c'était différent : ses yeux brillaient comme devant un tour de magie. Quant à Reiji, ce n'était pas la première fois qu'il assistait à ce genre de scène, mais il ne s'attendait pas à ce que ça se produise dès le retour de Yayoi. Seule cette dernière, debout devant la caisse, était stupéfaite.

— Où est-ce que je suis ? demanda la femme qui venait d'apparaître dans un filet de voix.

Elle regardait autour d'elle, blanche comme un linge. Sa pâleur n'était pas uniquement due à la surprise. Elle était très maigre, ses lèvres étaient bleues et ses yeux éteints. Physiquement, elle semblait vraiment au bout du rouleau, et ses vêtements étaient couverts de poussière, comme si elle était tombée à plusieurs reprises. Elle frissonnait.

— Maman ? murmura Yayoi, incrédule.

Car il s'agissait bien de Miyuki, même si elle ne ressemblait pas du tout à la femme que Yayoi venait de revoir dans le passé. Elle semblait si faible qu'elle aurait pu perdre connaissance à n'importe quel moment.

— C'est… c'est votre mère ?

Reiji avait du mal à le croire, lui aussi. Kazu, elle, gardait son calme.

— Qu'est-ce que je peux faire pour vous ? demanda-t-elle à Miyuki, comme à son habitude.

Cette dernière lui lança un regard de chien battu.

— Je ne sais pas, articula-t-elle enfin. Une de vos collègues est venue me parler… Elle m'a demandé de m'asseoir à cette place et m'a servi un café. J'ai été prise de vertige et je me suis retrouvée ici.

Elle ne savait pas où elle était et ne comprenait pas ce qui venait de lui arriver. Sa stupeur était compréhensible : l'atmosphère du *Dona Dona* n'avait pas changé, mais ce n'était plus la même personne qui se tenait devant elle. Kazu reprit la parole, plus lentement et avec plus d'égards que d'ordinaire :

— Ma collègue ne vous a donné aucune explication ?

Miyuki ne répondit pas tout de suite.

— Elle m'a dit… de fermer les yeux… et de penser à ce que j'aimerais voir dans le futur.

— Le futur ? intervint Nagare.

Toutes les personnes présentes savaient que Miyuki venait du passé. Il était le seul à avoir réagi en entendant ce mot. Il était toujours délicat d'envoyer les gens dans l'avenir. Seule sa mère avait pu donner ces instructions à Miyuki et, une fois de plus, elle n'avait pas été claire. Il la maudit en silence.

Reiji se fit exactement la même réflexion. C'était d'ailleurs pour cette raison que, depuis qu'il travaillait au *Dona Dona,* il se chargeait des explications à la place de Yukari.

— À part ça ? demanda Kazu.

— Elle m'a dit de boire mon café tant qu'il était encore chaud, répondit Miyuki en regardant la tasse.

— Et c'est tout ? demanda Nagare.

— Oui.

— Je n'en reviens pas !

Nagare était révolté.

Comment maman a-t-elle pu envoyer cette jeune femme dans le futur sans plus d'explications ? Elle est complètement inconsciente ! pensa-t-il, mais comme Miyuki n'y était pour rien et semblait déjà suffisamment confuse, il ne dit rien.

— Qu'est-ce que c'est que cet endroit ? demanda Miyuki.

Elle ne voulait pas savoir où elle était, mais ce qui s'était passé. Kazu lui expliqua en quelques mots qu'elle se trouvait dans un café où il était possible de voyager dans le temps.

— Vous êtes probablement quelques dizaines d'années dans le futur, au moment où vous avez souhaité vous rendre, conclut-elle.

Elle avait choisi de lui annoncer la vérité sans fard et de lui laisser le soin de décider si elle voulait la croire ou non, même s'il était peu probable qu'elle le fasse.

— Dans le futur ?

Pourquoi cette femme m'aurait-elle envoyée dans le futur ?

Elle se rendit compte que la cliente qui se tenait près de la caisse l'observait avec attention, sans savoir qu'il s'agissait de sa fille. Comment aurait-elle pu deviner ? Yayoi en revanche avait tout de suite reconnu sa mère, ou plus précisément la femme que sa mère avait été avant de lui donner le jour. Elle ne savait pas quelle attitude adopter, mais elle ne put s'empêcher de lui adresser la parole.

— Euh… je…, commença-t-elle d'une petite voix.

Elle hésitait. Devait-elle se présenter ? garder le secret ? Miyuki avait l'air si misérable qu'elle n'osait pas la regarder en face. Tout à l'heure, dans le passé, elle l'avait entendue évoquer son parcours et sa décision de se suicider, mais elle ne s'attendait pas à la voir en si piteux état. Ses propres difficultés lui parurent soudain dérisoires. Elle avait pu économiser suffisamment d'argent pour prendre un avion d'Osaka à Hakodate, elle mangeait à sa faim et n'avait pas à rougir de ses vêtements. Tandis que Miyuki…

Son cœur se serra dans sa poitrine. Elle avait envie de dire quelque chose, mais elle ne trouvait pas les mots. Le malaise qui l'habitait n'échappa pas à Miyuki.

— Vous allez bien ? lui demanda-t-elle gentiment.

Yayoi fut assaillie de remords.

Quelle imbécile je fais ! Comment ai-je pu vouloir remonter le temps pour vider mon sac ? Je ne suis qu'une égoïste. Une ingrate !

Miyuki la dévisageait sans comprendre. Kazu décida de rompre le silence.

— Cette personne est votre fille, dit-elle avant de s'écarter de Miyuki.

Yayoi ne bougea pas. Au fond, elle avait peut-être espéré cette intervention. Elle ne s'était pas sentie capable d'annoncer cette nouvelle elle-même, et Kazu s'en était sans doute rendu compte.

Yayoi releva lentement la tête. Son regard croisa celui de Miyuki. Cette dernière était sous le choc, mais elle ne détourna pas les yeux.

— Vous êtes…, murmura-t-elle au bout d'un moment. Vous êtes ma…

Les larmes jaillirent des yeux de Yayoi. C'était une façon de répondre par l'affirmative. Miyuki plongea son visage dans ses mains et éclata en sanglots sans terminer sa phrase. Yayoi se précipita vers sa mère. Juste devant elle, le poignet de Miyuki lui sembla encore plus maigre, son manteau encore plus sale. La voir ainsi lui brisait le cœur.

— M… maman ? dit-elle d'une voix tremblante.

— J'avais décidé d'en finir…

Yayoi connaissait déjà ses raisons, puisqu'elle venait de les entendre.

— Pourquoi ? lui demanda-t-elle néanmoins.

— Parce que j'avais perdu espoir…

Elle avait prévu de se jeter dans les eaux glacées de la baie de Hakodate, mais sa route avait croisé celle de Yukari. Cette dernière avait tout de suite compris ses intentions et lui avait adressé la parole. Puis elle l'avait fait asseoir sur cette chaise.

— Elle m'a demandé d'imaginer le futur tel que j'aimerais qu'il soit, même si ça me semblait fou, expliqua Miyuki en redressant lentement la tête. Je me suis dit que j'aimerais avoir un enfant et qu'il soit heureux.

En entendant ces mots, Nagare tourna son regard vers Yayoi. *Voilà pourquoi sa mère est apparue ici à ce moment précis,* déduisit-il. Il plissa les yeux et émit un monosyllabe d'approbation.

Cela étant, un détail le perturbait. Ce qui venait de se passer remettait en cause ce qu'il pensait savoir des voyages dans le futur. Suffisait-il vraiment de penser à une personne pour la voir ? Il en doutait, mais la mère et la fille se tenaient indubitablement devant lui. Il décida de mettre ses doutes en veilleuse et reporta son attention sur Yayoi et Miyuki.

Yayoi se rapprocha encore de sa mère.

— Ce n'est pas un rêve.

— … ?

— Tu ne rêves pas. Nous sommes le 27 août 2030 et il est vingt heures et trente…

Elle s'interrompit pour regarder l'horloge, celle-là même qui figurait sur la photo.

— … vingt heures et trente et une minutes.

— 2030 ?

— Je viens d'avoir vingt ans, et c'est toi qui m'as donné la vie…

— Vraiment ?

— Oui, et je suis très, très heureuse. Tu as vu comme je suis bien habillée ? J'habite à Osaka, mais je suis venue à Hakodate pour faire un peu de tourisme.

— Tu vis à Osaka ?

— Oui ! J'adore cette ville. Hakodate n'est pas mal non plus, mais à Osaka on mange bien, et puis les gens du Kansai sont chaleureux. Ils passent leur temps à faire des blagues.

— Ah bon ?

— Oui, et j'ai prévu de me marier l'année prochaine…

C'était un tissu de mensonges.

— Te marier ?

— Oui, alors tu n'as pas intérêt à mourir !

Yayoi avait beau essuyer ses larmes, elles continuaient de couler.

— Si tu meurs, ça changera le futur, tu comprends ? Si tu ne me donnes pas la vie, ce sera comme si mon bonheur n'avait jamais existé.

— Pardon ? Excusez-moi, mais…

D'après les règles, rien ne pouvait changer le cours des choses. Reiji voulut corriger Yayoi, mais Kazu lui fit signe de se taire.

— Laisse, lui murmura Nagare.

Miyuki ne se suiciderait pas, elle donnerait naissance à une fille qui se sentirait abandonnée, serait victime de harcèlement et traverserait des moments difficiles. C'était inéluctable, mais Miyuki l'ignorait. Elle n'avait aucun moyen de le savoir.

— Il faut que tu vives.

Je lui en ai tellement voulu, ou plutôt je pensais lui en vouloir de m'avoir abandonnée, mais maintenant, je veux qu'elle soit heureuse.

— Vis. Fais-le pour moi…

Moi aussi, je vais me battre, pensa Yayoi.

Elle était sincère.

— D'accord ?

— D'accord, murmura Miyuki.

Yayoi lui fit un grand sourire. La jeune femme en colère contre son passé, contre sa mère, contre ses parents avait disparu. Miyuki tendit la main vers la joue de sa fille.

— Laisse-moi te regarder de plus près…

Yayoi avança d'un pas, puis de deux, et posa sa tête contre la main tendue. Miyuki essuya les larmes de sa fille avec le pouce.

— Je te le promets.

— C'est vrai ?

— Oui, je serai courageuse. Arrête de pleurer, ma chérie…

— D'accord…

Yayoi prit les mains de sa mère entre les siennes.

Je n'oublierai jamais sa chaleur.

Mais elle ne parvenait pas à retenir ses larmes. Elle savait que c'était la dernière fois qu'elle passait du temps avec Miyuki. Et que ce temps était compté.

— Le café va refroidir, dit tout à coup Sachi, qui jusqu'à présent somnolait dans les bras de Nagare.

Yayoi releva le visage comme si elle venait de se souvenir des conséquences.

— Il faut qu'elle le termine avant, non ? demanda-t-elle en espérant que quelqu'un la contredirait.

— Oui, dit Kazu d'une voix douce, confirmant par là même que ce qui était en train de se passer n'était ni un rêve ni un mirage.

Yayoi se mordit la lèvre puis expliqua à Miyuki que c'était indispensable si elle voulait retourner là d'où elle venait, mais Yukari l'avait déjà mise au courant. Même si elle aurait aimé prolonger les adieux, elle accepta immédiatement.

— Merci beaucoup, dit-elle en vidant sa tasse.

— Maman…

— Au fait, l'interrompit Miyuki pendant que les contours de son corps commençaient à s'estomper. Ton prénom…

— Quoi ?

— Je ne te l'ai pas demandé…

— C'est Yayoi.

— Yayoi ?

— Oui.

Miyuki se changea en vapeur.

— C'est joli…

— Maman !

La vapeur s'éleva vers le plafond.

— Merci, Yayoi.

Miyuki disparut, comme aspirée par le plafond. Le vieux gentleman se matérialisa à sa place. La salle était plongée dans le silence, comme s'il ne s'était rien passé. On n'entendait que la respiration de Sachi, qui s'était endormie.

Une fois les préparatifs de la fermeture terminés, Reiji sortit de la cuisine, prêt à rentrer chez lui.

— Merci, lui dit Kazu en enlevant son tablier.

— Pour quoi ?

— Pour t'être chargé d'expliquer les règles…

— Il n'y a pas de quoi ! Quand Yukari sert le café, je m'occupe de tout.

Le cas de Miyuki était éloquent. Les indications de Yukari avaient été pour le moins sommaires.

— Elle doit t'en faire voir de toutes les couleurs, dit Nagare, l'air désolé.

— J'avoue qu'au début je n'en menais pas large, répondit Reiji en riant jaune.

Avant le départ de Yukari et l'arrivée de Nagare et de Kazu deux mois plus tôt, Yukari et Reiji faisaient tourner la boutique à eux deux.

— Je reconnais que tout à l'heure non plus, je n'étais pas rassuré.

— Pourquoi ? demanda Nagare.

— Parce que la cliente – Yayoi, c'est ça ? – avait l'air désespérée…

— Ce n'est pas faux…

— J'étais étonné que Kazu l'autorise à voyager dans le temps, j'avais peur qu'elle ne revienne pas.

— Maintenant que tu le dis…

— J'ai l'habitude d'expliquer les modalités, mais comme la plupart des gens renoncent, je me suis même demandé s'il n'y avait pas une règle dont j'ignore l'existence et qui nous interdit de dissuader les candidats.

— Pas à ma connaissance.

— Dans ce cas, comment…

— C'est grâce à la photo, intervint Kazu en regardant les lanternes des pêcheurs au loin.

Elle était en train d'éteindre toutes les lumières du café à l'exception des veilleuses qui diffusaient une lueur sépia, mais elle avait suivi la conversation.

— Comment ça ?

— Elle était en bon état.

— Et donc ?

— Le tirage devait avoir une bonne vingtaine d'années. Je me suis dit qu'elle avait dû en prendre soin…

— Je vois, acquiesça Nagare, qui avait compris où Kazu voulait en venir.

— Pas moi, dit Reiji en secouant la tête.

— C'est simple, expliqua Kazu en ouvrant la porte d'entrée. Si elle en avait vraiment voulu à ses parents, elle aurait déchiré ou jeté leur portrait depuis longtemps, non ?

La brise nocturne qui soufflait sur Hakodate était fraîche, même en été.

2

L'humoriste qui voulait rendre sa femme heureuse

À Hakodate, l'été ne dure pas longtemps.

Dès que les premières feuilles se mettent à tomber, le mont du même nom s'embrase. Le feuillage rouge des sorbiers accentue l'aspect pittoresque des pavés de la côte Daisanzaka, très prisée des touristes.

Par la grande fenêtre du *Dona Dona*, les couleurs d'automne tranchaient sur le bleu du ciel et de la baie, créant une atmosphère romantique.

C'est peut-être pour ça qu'on voit plus de couples, pensa Nanako, assise au comptoir.

C'était un dimanche. Il y avait deux fois plus de clients que d'habitude et la salle bourdonnait d'activité, mais comme la plupart étaient des touristes, combien savaient que dans ce café, il était possible de remonter le temps ?

Au milieu de tous ces couples, on remarquait un homme grand et mince avec un béret et des lunettes de soleil, qui devait avoir entre quarante-cinq et cinquante ans. Depuis trois jours, il arrivait à l'ouverture et repartait à la fermeture. Le personnel aurait été en droit de trouver ça étrange.

Sachi était assise en face de lui, le livre des 100 questions entre les mains. Normalement, en constatant que sa fille partageait la table d'un individu bizarre, Kazu, qui travaillait derrière le comptoir, aurait dû redoubler de vigilance, tout comme Saki, qui déjeunait à côté de Nanako. Mais aucune d'elles ne semblait particulièrement inquiète, parce qu'elles supposaient que l'homme était venu pour se rendre dans le passé.

Soit il préférait observer avant de se lancer, soit il connaissait les règles et attendait que le gentleman en noir se rende aux toilettes. Ça arrivait fréquemment. La jeune femme qui était venue revoir ses parents à la fin de l'été avait passé la journée au café avant de revenir le soir, elle aussi. Saki, qui était psychiatre à l'hôpital, pensait qu'il devait être indécis de nature. Quoi qu'il en soit, il n'avait pas l'air bien méchant et Sachi, plongée dans son livre, en était peut-être plus consciente que quiconque.

— Question 57 !

— Je t'écoute…

Nanako suivait la conversation depuis le comptoir.

— Il lui plaît vraiment, glissa-t-elle à Kazu.

Nanako faisait référence au livre des 100 questions, mais Kazu se dit que, vu le comportement de sa fille, elle devait également apprécier l'homme aux lunettes de soleil, qui répondait le plus sérieusement du monde à ses questions.

— Admettons que vous entreteniez une relation extraconjugale…

— Encore une question qui ne va pas être piquée des hannetons !

Sachi, qui n'avait que sept ans, ignorait évidemment ce qu'était une relation extraconjugale, mais l'ouvrage lui permettait d'échanger avec d'autres personnes et cela l'amusait.

— Peut-être, mais imaginez que ce soit le cas.

— D'accord.

L'homme n'avait pas l'air de trop s'ennuyer.

— « Si le monde devait disparaître demain, que feriez-vous ? poursuivit Sachi. ① Je passerais le temps qu'il me reste auprès de mon mari ou de ma femme. ② Je passerais le temps qu'il me reste auprès de mon amant ou de mon amante. » Alors ?

— Euh…, fit l'homme aux lunettes en penchant la tête. Si je réponds ②, je vais passer pour un salaud, dit-il à l'intention de Nanako et de ses amies.

Il s'inquiétait plus de leur opinion que de celle de l'enfant et se tournait régulièrement vers elles, en fonction de la teneur des questions.

— Donc, vous répondriez ② ? réagit immédiatement Nanako, taquine.

— Pas forcément. Disons que ça ne me concerne pas vraiment, étant donné que je ne suis pas encore marié…

— À votre âge ? s'exclama Saki, qui n'avait pas sa langue dans sa poche.

— Tu exagères, lui glissa Nanako.

— Je n'ai pas eu de chance.

— Pourtant, vous avez l'air d'être un homme bien.

— On me le dit souvent.

Saki ne s'était pas laissé démonter, mais l'homme aux lunettes de soleil restait évasif.

— Vous choisissez quoi ? demanda Sachi, qui perdait patience.

— Excuse-moi ! Alors euh… je vais dire ① !

— Et toi, Saki ? poursuivit Sachi sans demander à l'homme d'expliquer sa réponse.

— ② !

— Sérieux ? fit Nanako, les yeux écarquillés d'étonnement.

— Oui, pourquoi ?

— C'est juste que ça ne te ressemble pas, c'est tout.

— Tu trouves ?

— Oui.

— Votre amie se pose des questions sur votre moralité, intervint l'homme aux lunettes de soleil.

— Pas du tout ! protesta Nanako, qui n'en pensait pas moins, mais qui, contrairement à Saki, n'osait pas dire le fond de sa pensée.

— Tu veux savoir pourquoi ? demanda Saki à Nanako. Parce qu'on ne trompe pas son conjoint pour rien.

Saki n'était pas particulièrement favorable à l'adultère, mais quitte à se retrouver dans cette situation peu glorieuse alors que la fin du monde était imminente, autant passer ses derniers instants avec son amant, rationalisait-elle.

— Je comprends, grogna Nanako.

— On continue ? reprit joyeusement Sachi.

— Si tu veux, répondit l'homme aux lunettes de soleil.

— Question 58 !

— Je suis tout ouïe.

— Vous avez un enfant caché.

— Encore un sujet sensible…

La sueur perlait aux tempes de l'homme.

— « Si le monde devait s'effondrer demain, que feriez-vous ? ① Puisque nous allons tous mourir, je dirais la vérité à mon mari ou à ma femme. ② J'emporterais mon secret dans la tombe. » Alors ?

L'homme réfléchit, les bras croisés. C'était toujours pareil. Survivre seul ou mourir avec les autres ? Rendre l'objet qu'on avait emprunté ou le garder pour soi ? Célébrer son mariage ou non ? Les questions étaient variées, mais la plupart abordaient des sujets auxquels on évitait généralement de penser avant d'y être confronté. Non seulement le lecteur devait y répondre dans une perspective particulière, celle de la fin du monde, mais il n'avait le choix qu'entre deux possibilités.

« Être ou ne pas être, telle est la question » est une célèbre réplique du *Hamlet* de William Shakespeare. Dans cette pièce, le héros se demande s'il doit venger la mort de son père, le roi. Ce dernier a été empoisonné par son frère, qui est monté sur le trône et a épousé sa veuve.

La noirceur d'âme de l'oncle ne fait aucun doute et Hamlet en est bien conscient. S'il n'avait pas hésité à mener à bien sa vengeance, il n'y aurait pas eu de victimes collatérales. Mais Hamlet s'interroge. Peut-il se fier au spectre ? Doit-il se lancer dans un combat semé d'embûches ou couler des jours heureux en feignant l'ignorance ? Bref, c'est son indécision qui est au centre de l'intrigue. Ce trait de caractère mène à la mort de la femme qu'il aime, Ophélie, et à celle d'autres innocents. Son meilleur ami se retourne contre lui. Sa mère s'empoisonne. Au bout du compte, l'oncle meurt, mais Hamlet également. Même son pays est annexé. La tragédie, dans son intégralité, dure quatre bonnes heures. Pourtant, on peut la résumer à cette question binaire.

Mais ni Nanako, ni Saki, ni l'homme aux lunettes de soleil ne se rendaient compte que le livre des 100 questions les mettait face aux grands dilemmes de la vie. Ils s'amusaient juste à imaginer les choix qu'ils feraient si le monde venait à disparaître.

— L'indécision détruit les gens de l'intérieur, dit Sachi à l'homme aux lunettes de soleil qui, tel Hamlet, ne parvenait pas à choisir entre les deux propositions.

La petite avait lu l'intégrale des œuvres de Shakespeare et elle était peut-être la seule à comprendre que le livre des 100 questions était plus qu'un simple divertissement.

Ding-dong.

La cloche de la porte d'entrée tinta.

— C'est moi !

L'homme qui venait d'entrer en traînant une valise à roulettes n'était pas un client, c'était Reiji. Il portait un sac à dos et un cabas en papier d'une boutique de souvenirs.

— Bonjour, Reiji ! le salua Sachi.

— Bonjour, ma puce, répondit Reiji avant de disparaître dans la cuisine.

— Tu viens de rentrer de Tôkyô, tu devrais te reposer, dit Nagare.

— Mais non ! On est dimanche, le café sera bientôt bondé.

Nagare n'était à Hakodate que depuis deux mois, il ignorait à quel point la ville attirait les foules en automne. À Tôkyô, le *Funiculi Funicula* se trouvait en sous-sol, dans une petite allée à l'écart des grands axes. Il n'était jamais plein, quelle que soit la saison. La plupart des clients étaient des habitués et il n'y avait que neuf places assises. Ou plutôt huit, si on ne comptait pas celle qui permettait de voyager dans le temps.

Le *Dona Dona*, en revanche, se trouvait à Hakodate, en pleine zone touristique. Il pouvait accueillir dix-huit personnes en comptant la terrasse, et au plus fort de la saison il affichait régulièrement complet. Une paire de bras de plus ne serait pas de trop. Reiji enfila son tablier, posa deux parfaits sur un plateau et retourna dans la salle.

— Et mon cadeau ? demanda Nanako.

— Un peu de patience, répondit Reiji en se dirigeant d'un pas vif vers la terrasse.

La journée, il ne faisait pas encore froid dehors. Ce jour-là, qui plus est, il n'y avait pas de vent. La météo était idéale pour faire une petite pause en admirant les feuilles d'automne.

Reiji échangea quelques mots sur un ton enjoué avec le couple qui avait commandé les parfaits – et qui lui avait peut-être demandé conseil –, avant de revenir à l'intérieur.

— Comment s'est passée ton audition ? lui demanda Nanako.

— Je pense que cette fois, j'ai été plutôt bon, répondit-il fièrement.

Reiji voulait devenir humoriste et se rendait de temps en temps à Tôkyô pour passer des auditions, dans l'espoir de percer un jour. Jusqu'à présent, toutes ses tentatives avaient été infructueuses.

— Tu as encore gaspillé ton argent pour tenter ta chance à la capitale ? soupira Saki.

— Je ne l'ai pas gaspillé, je l'ai investi pour mon avenir !

— Et si tu jetais l'éponge ? Tu n'as aucun talent, tu en es conscient ?

Une fois de plus, elle n'y allait pas avec le dos de la cuiller. Comme elle le connaissait de longue date, elle prenait encore moins de pincettes qu'avec la plupart des gens. Reiji ne se laissa pas démonter :

— Tu te trompes !

— Pourtant…

Les résultats parlent d'eux-mêmes, sous-entendait-elle.

— Elle a raison…, renchérit Nanako.

— Hé !

Tu ne vas pas t'y mettre, toi aussi ? pensa Reiji. Sauf que Nanako n'avait pas terminé sa phrase.

— … pourtant tu t'accroches, et ça aussi, c'est une forme de talent.

— Ça me fait une belle jambe !

Nanako avait voulu remonter le moral de Reiji, mais ça n'avait pas marché. Le sujet revenait souvent sur le tapis. Saki essayait peut-être sincèrement de le convaincre de renoncer à monter sur scène, mais il ne l'écoutait pas. Le jeune homme avait la tête pleine de rêves et les piques de Saki étaient autant de coups d'épée dans l'eau.

Reiji remarqua le livre que Sachi tenait entre les mains.

— Tiens, tu en es à quelle question ?
— La cinquante-huitième.
— Celle de l'enfant caché ?
— Tu as mémorisé les numéros ? demanda Saki, surprise.
— Il suffit de le lire pour s'en souvenir, non ?
— Je suis sûre que tu pourrais mettre à profit ce don ailleurs que sur scène…
— Ça va, c'est bon ! dit Reiji, dans l'espoir de clore le débat, mais Nanako enfonça le clou.
— Saki a raison.
Quant à Sachi, elle se fichait royalement de la conversation des adultes.
— Tu ferais quoi, toi ? demanda-t-elle à Reiji.
— Bonne question…
Reiji avait sans doute tout de suite trouvé sa réponse quand il avait lu le livre en solitaire, mais il fit semblant de se creuser les méninges pour lui faire plaisir.
Son regard s'arrêta un instant sur l'homme qui était assis en face de l'enfant. Au même moment, ce dernier tenta maladroitement de masquer son visage avec ses mains.
— Monsieur Hayashida ? murmura Reiji.
— Euh…
— Vous êtes monsieur Hayashida, du duo Porondoron !
— Non, je suis un simple marchand de Ricains, répondit l'homme par réflexe, avant d'ajouter : Mince…
Il s'appelait Kota Hayashida, et c'était un humoriste qui jouissait d'un succès croissant depuis plusieurs années. S'il avait répondu à Reiji du tac au tac,

c'était parce qu'un de ses sketchs commençait exactement de la même façon.

— Je ne connais qu'une personne capable de faire une blague aussi pourrie, et c'est cet idiot…, commença Reiji.

Comme le café était bondé, il baissa la voix et murmura à l'intention de Nanako et de Saki :

— … de Kota Hayashida.

Son enthousiasme les laissa de marbre. Nanako pencha la tête. Elle n'avait pas compris ce que la réplique avait de drôle.

— Le mot « Américain » s'écrit avec le kanji du riz, non ? Le personnage qu'il interprète est un benêt qui lit « marchand d'Américains » alors qu'il est écrit « marchand de riz », expliqua Reiji.

Ces subtilités un peu hermétiques étaient caractéristiques du style de Hayashida.

— Je vois, fit Nanako.

— Maintenant que tu le dis, renchérit Saki.

— Je me disais bien que je l'avais déjà vu quelque part.

Les explications les avaient convaincues, mais elles ne s'intéressèrent pas à l'humoriste pour autant. Les choses auraient peut-être été différentes s'il s'était agi de Todoroki, son complice de toujours. Les deux hommes avaient beau former un duo, c'était lui qui était populaire auprès du public. Reiji, lui, les admirait autant l'un que l'autre. Il ne parvenait pas à cacher cette admiration.

— Félicitations pour le Grand Prix de la comédie ! Je me souviens que M. Todoroki avait déclaré il y a cinq ans que vous le remporteriez un jour. C'est une belle réussite ! Ah, est-ce que vous accepteriez de me signer un autographe ?

— Euh…

— Pardonnez-moi, je n'aurais pas dû vous embêter avec ça pendant votre temps libre. Je me suis un peu laissé emporter parce que j'aimerais bien devenir humoriste moi aussi, s'excusa Reiji, le regard aussi pétillant que les yeux de Nanako et de Saki étaient éteints.

Si le client avait été un séduisant acteur, les réactions auraient peut-être été inversées.

— Par contre, dit Nanako, comme si elle venait de se souvenir de quelque chose, Todoroki, ce n'est pas le type qui a disparu le mois dernier, après que le duo a remporté ce prix ?

— Ça alors ! fit Reiji.

— C'est exact, murmura l'homme, admettant par la même occasion que Reiji avait percé à jour son identité.

Les lunettes de soleil empêchaient de voir à quel point la question de Nanako l'avait troublé, mais sa voix n'était plus du tout enjouée. Reiji se fit tout petit. Il avait honte de lui avoir manqué de respect.

La disparition de Todoroki avait été annoncée deux semaines plus tôt, mais les médias n'en avaient parlé que pendant trois jours avant de passer à autre chose. Certains journalistes avaient mis en avant la thèse d'un désaccord financier et étaient allés jusqu'à suggérer qu'il avait pu s'enfuir avec les 10 millions de yens du Grand Prix. En réalité, personne ne savait ce qui s'était passé.

— Vous n'êtes pas ici par hasard, n'est-ce pas ? demanda Kazu à Hayashida.

Il était peu probable que l'humoriste ait passé trois jours au *Dona Dona* de façon fortuite. Il voulait sans doute retourner dans le passé, et Kazu était certaine que sa décision était liée à la disparition de son associé. Hayashida reprit son souffle, puis retira ses lunettes d'un air résigné.

— J'espérais qu'il viendrait ici.

— L'homme qui a disparu ?

— Oui.

Hayashida baissa les yeux.

— Pour quelle raison ? demanda Saki.

— Pour parler à Setsuko.

— Qui est Setsuko ?

Saki continuait l'interrogatoire.

— Sa femme. Elle est morte il y a cinq ans.

Pour résumer, Hayashida attendait que Todoroki fasse son apparition dans le café dans l'espoir de revoir sa défunte épouse. Ce qui soulevait certaines questions.

Todoroki connaissait-il lui aussi l'existence de ce café ?

Et pourquoi Hayashida attendait-il Todoroki ?

Voilà ce qui traversait l'esprit de Saki et de Reiji. Hayashida commença à s'expliquer par bribes :

— Todoroki, Setsuko et moi, on a grandi dans le quartier. On se connaît depuis l'école primaire.

Puisqu'ils étaient du coin, il n'y avait rien d'étonnant à ce qu'ils soient familiers du secret du *Dona Dona* et des règles à respecter pour remonter le temps. Il était même possible qu'ils connaissent Yukari.

— Setsuko a toujours aimé le stand-up. C'est elle qui nous a encouragés à aller à Tôkyô pour monter sur les planches, continua Hayashida.

Sachi l'écoutait en silence, aussi immobile que si elle était en train de lire.

— Comme on ne connaissait personne dans le milieu, on en a vraiment bavé. Au début, on louait un petit appartement à trois. Todoroki et moi, on écrivait des sketchs, on passait des auditions qu'on ratait, on survivait avec quelques cachets de misère. C'était la dèche, quoi…

Un client héla Reiji, qui s'éloigna à contrecœur. Hayashida le suivit du regard et continua son récit :

— Pendant ce temps, Setsuko donnait des cours particuliers le jour et travaillait comme hôtesse dans un bar de Ginza la nuit. Tout ça dans l'espoir qu'on… enfin, que Todoroki perce un jour. Todoroki était déterminé à réussir, parce que c'était leur rêve à tous les deux. Bien entendu, c'était aussi le mien. Il y a cinq ans, on a enfin signé un contrat qui nous garantissait d'apparaître régulièrement dans une émission de nuit et Todoroki a demandé la main de Setsuko. Comme on ne roulait pas sur l'or, ils n'avaient pas les moyens d'organiser une réception pour fêter ça, mais Setsuko avait l'air tellement heureuse. Je n'oublierai jamais l'expression de son visage. Malheureusement, presque tout de suite après, elle…

Hayashida ne finit pas sa phrase, mais tout le monde comprit que la jeune femme était morte. Nanako détourna le regard.

— Ses derniers mots ont été : « La prochaine étape, c'est le Grand Prix de la comédie… »

Reiji, qui avait terminé ce qu'il avait à faire, revint en silence. Il avait essayé de suivre la conversation à distance, et même s'il n'avait pas tout saisi, il écouta sagement.

— Je vois, murmura Saki.

Les dernières volontés de Setsuko avaient porté Todoroki jusqu'au Grand Prix de la comédie, mais depuis deux mois, il n'avait plus de but. Le vide qu'il ressentait devait être aussi immense que son amour pour sa femme et le désir qu'il avait eu de réaliser son rêve. Il n'était pas difficile de se mettre à sa place.

— Je ne sais pas si on peut parler de burn-out, mais Todoroki a travaillé d'arrache-pied pour décrocher le Grand Prix. Dès qu'on a atteint notre but, il s'est effondré comme une coquille vide. Il passait littéralement son temps à boire, du soir au matin et du matin au soir.

Le burn-out est considéré comme une forme de dépression. Mais la dépression fait souvent suite à un choc émotionnel, comme une période de stress, de surmenage, un accident ou un deuil. Le burn-out, lui, s'installe quand une personne s'est démenée dans son travail sans que cela porte ses fruits et qu'elle a le sentiment que ses efforts sont restés vains.

Au Japon, on emploie souvent ce terme au sujet des sportifs à l'issue d'un grand tournoi, quand, après avoir atteint l'objectif de toute une vie, ils peinent à trouver d'autres défis dignes d'être relevés et tombent dans un état de prostration. Hayashida soupçonnait Todoroki d'être dans le deuxième cas de figure. Il savait mieux que quiconque ce que le Grand Prix représentait pour son ami : tout. Leur victoire avait sans doute été l'élément déclencheur qui avait provoqué sa disparition. Plus que de la tristesse, c'était un sentiment d'impuissance qui avait envahi Hayashida à ce moment-là et qui déformait son visage. Il n'avait rien pu faire pour aider son complice de toujours.

— D'accord, mais qu'est-ce qui vous a fait penser que vous le trouveriez ici ? demanda Nanako.

— Oui, quoi donc ? renchérit Saki.

Hayashida devait s'attendre à cette question, car il sortit une carte postale de son sac et la tendit à Nanako.

— Je l'ai reçue il y a quatre jours.

C'était une carte photo personnalisée, sur laquelle on voyait une femme devant le spectaculaire panorama de Monument Valley, aux États-Unis. Nanako ne put retenir une exclamation.

— Mais… on dirait…, fit-elle en passant la carte à Reiji.

— Yu… Yukari ?! s'exclama ce dernier, si fort que tous les clients se tournèrent vers lui. Dé… désolé, s'excusa-t-il.

— Imbécile ! lança Nanako en lui donnant une tape sur l'épaule.

— Aucun doute, c'est elle ! Elle a l'air de bien s'amuser, en tout cas, commenta Saki sur un ton insouciant.

Pour rappel, Yukari était partie aux États-Unis à la recherche du père d'un jeune garçon, mais sur la photo, elle avait l'air d'une simple touriste. Elle semblait en pleine forme et faisait le signe de la paix avec la main. Reiji pensa qu'il était peut-être préférable de ne pas montrer la carte à Nagare.

Plus que le portrait de Yukari, c'était ce qu'elle avait écrit au dos que Hayashida avait voulu montrer à ses interlocuteurs. Le message disait :

Félicitations pour le Grand Prix de la comédie ! Je suis sûre que ma petite Setsuko est fière de vous.

Deux mois s'étaient écoulés depuis la victoire du duo, mais Yukari avait dû l'apprendre récemment, puisque la carte n'était arrivée que quatre jours plus tôt. À en juger par le « ma petite Setsuko », elle devait très bien connaître le trio. Hayashida garda les yeux baissés en silence pendant un moment avant d'expliquer :

— Quand j'ai reçu cette carte, je me suis souvenu du *Dona Dona*…

Puisque Yukari lui avait écrit à son domicile, on pouvait supposer qu'ils étaient restés en contact. Il ne s'était pas souvenu de l'établissement, mais du fait qu'il était possible de se rendre dans le passé.

— J'ai supposé que Todoroki avait reçu la même…

— Et vous avez pensé qu'il viendrait peut-être ici dans l'espoir de revoir sa femme ? demanda Kazu.

— Exactement, répondit Hayashida.

Il était même persuadé que son ami viendrait.

Ding-dong.

— Bienvenue ! lança Reiji par automatisme, pour ne pas dire inconsciemment.

Kazu fixait la porte sans un mot.

— Reiko, murmura-t-elle en regardant la personne qui venait d'entrer.

Reiko Nunokawa était une cliente occasionnelle. Jusqu'à l'année précédente, sa sœur donnait un coup de main au café pendant les périodes de forte affluence. Reiko avait le teint clair et semblait fragile. Elle balaya la salle du regard, mais n'avait pas l'air de vouloir s'asseoir.

— Bonjour, Reiko ! la salua Reiji, qui la connaissait bien, lui aussi.

— Où est Yukika ? demanda Reiko d'une voix éteinte en ignorant le serveur.

Elle ne s'adressait à personne en particulier. Son regard ne semblait s'attarder sur rien, si ce n'est sur les arbres parés de leurs couleurs d'automne qu'on pouvait admirer par la fenêtre.

Nanako dévisagea Reiji, interdite. Ce dernier s'approcha de Reiko, l'air ennuyé.

— Eh bien…

Il s'interrompit, ne sachant que dire.

— Elle n'est pas encore arrivée, intervint Kazu.

Reiko la regarda en silence pendant un bref instant qui sembla durer une éternité.

— Je repasserai, dit-elle, avant de tourner les talons et de s'en aller.

Ding-dong.

Reiji et Nanako étaient sous le choc. Saki se leva et posa 750 yens sur le comptoir pour payer son déjeuner.

— Merci, dit-elle avant de sortir précipitamment, comme pour rattraper Reiko.

Ding-dong.

— Je t'en prie, répondit Kazu comme si de rien n'était.

— Je croyais qu'il y a deux mois, Yukika..., glissa Nanako à Kazu.

Personne n'entendit la fin de la phrase.

— Effectivement.

— Dans ce cas, pourquoi lui mentir en disant qu'elle n'était pas encore arrivée ? l'apostropha Reiji.

Visiblement, il ne comprenait pas l'attitude de Kazu et de Saki. Kazu ne répondit pas à sa question.

— Ce n'est pas le moment, dit-elle en regardant Hayashida.

— Dé... désolé, fit Reiji en s'inclinant.

— Ce n'est rien.

Hayashida avait dit tout ce qu'il avait à dire. Le fait de se cacher derrière des lunettes de soleil et de passer pour bizarre pendant trois jours l'avait sans doute plus stressé que quiconque. Il avait peut-être même craint d'être signalé à la police. Maintenant qu'il avait parlé, il se sentait soulagé.

— Je vous laisse pour aujourd'hui, dit-il en se levant.

Il était bientôt midi et il devait se douter que la salle serait bientôt pleine. Il paya et laissa sa carte de visite.

— Si Todoroki faisait son apparition, pourriez-vous me prévenir avant que ce monsieur ne libère sa place ? demanda-t-il avant de s'en aller.

Sachi l'accompagna jusqu'à la sortie et agita sa petite main d'un air triste jusqu'à ce que sa silhouette ait disparu. Après le départ de Hayashida, ce fut le coup de feu, mais comme Nanako était restée donner un coup de main à la caisse, en salle, la situation demeura à peu près sous contrôle. Nagare s'activait seul en cuisine sous les encouragements de Sachi.

Dans les lieux touristiques, le déjeuner ne dure pas longtemps. Pas plus d'une heure et demie, dans le pire des cas. Le plus gros était passé et dans la salle, il ne restait que quelques couples qui admiraient la vue. Au comptoir, Reiji et Nanako profitaient d'une petite pause bien méritée quand Kazu prit la parole :

— D'après notre psychiatre préférée…

Elle parlait selon toute évidence de Saki. Reiji et Nanako comprirent tout de suite qu'elle voulait reprendre la conversation interrompue au sujet de Reiko. Tout à l'heure, elle lui avait répondu que sa sœur n'était pas encore arrivée, mais la vérité, c'était que cette dernière était décédée deux mois plus tôt. Reiji, qui travaillait à ses côtés, était évidemment au courant, tout comme Nanako. Tous deux se demandaient pourquoi Kazu avait menti.

— … Reiko n'a sans doute pas encore intégré la mort de sa sœur, expliqua-t-elle.

— C'est vrai ? murmura Reiji d'un air triste.

Nanako était sans voix.

— Oui, et elle m'a demandé de m'adapter à son discours, ajouta-t-elle en se remettant au travail.

Le soir arriva. La salle était baignée d'une lumière orangée. Le café n'était plein qu'en journée ; à cette heure-là, tout était tranquille.

— Comment ? fit Nagare.

— Ta femme. Tu n'avais pas envie de la revoir ? répéta Reiji.

Nagare ne comprenait pas pourquoi Reiji remettait le sujet sur le tapis.

— Nanako m'a posé exactement la même question.

— Ah bon ?

— Ça vous intrigue tant que ça ?

— Ben, si tu étais resté à Tôkyô cet été, tu aurais pu la revoir pour la première fois depuis quatorze ans…

Les médecins avaient prévenu Kei, l'épouse de Nagare, qu'elle ne survivrait pas longtemps à la naissance d'un enfant. Elle était donc venue du passé pour rencontrer sa fille, juste au moment où Yukari était partie aux États-Unis sans prévenir et où Nagare avait dû la remplacer à Hakodate. Mais même si ça tombait mal, Nagare aurait pu faire l'aller-retour dans la journée, estimait Reiji.

— C'est Miki qu'elle venait voir, pas moi, répondit Nagare, imperturbable.

Ce n'était pas qu'une parade, il pensait réellement ce qu'il disait.

— Mais…

— Mais quoi ?

— Tu ne l'avais pas vue depuis quatorze ans !

— Je suis au courant…

— Tu n'as pas été tenté ?

— Je viens de t'expliquer qu'elle voulait faire la connaissance de notre fille.

La conversation était revenue à son point de départ. Nagare était sincère. Il ne pouvait pas répondre autre chose et il ne comprenait pas pourquoi Reiji insistait.

— Est-ce qu'il y a quelqu'un que tu aimerais aller revoir dans le passé, toi ? demanda Reiji, qui avait changé d'angle d'attaque.

— Moi ?

— Oui.

Nagare croisa les bras et plissa ses yeux, qui étaient déjà très bridés.

— Non, lâcha-t-il au bout d'un moment.

— Pourquoi ?

— Comment ça, pourquoi ? Tu m'en poses, de ces questions ! dit Nagare en secouant la tête.

Il se demandait pourquoi Reiji voulait savoir tout ça, mais il s'efforçait malgré tout de répondre sérieusement.

— Bon, je vais le formuler autrement. Tu as la possibilité de voyager dans le temps, mais tu n'as jamais envisagé d'aller revoir ta femme ?

— C'est à ça que tu voulais en venir ?

— Évidemment !

— La réponse est non.

— Vraiment ?

Ce n'était pas ce que Reiji voulait entendre. Maintenant, c'était lui qui avait l'air contrarié.

— Pourquoi tu fais cette tête ?

— Je me demande pourquoi Hayashida est si sûr que Todoroki passera ici.

— Je ne te suis pas…

Nagare n'avait pas assisté à la conversation, mais on lui avait raconté ce qui s'était passé. Pourtant, il ne voyait pas où Reiji voulait en venir. Ses petits yeux brillaient.

— Il n'y a rien de surprenant à ce que Todoroki veuille revoir son épouse, si ? reprit Reiji.

— Sans doute.

— Dans ce cas, pourquoi Hayashida l'attend-il ici ?

— Parce qu'il a disparu et qu'il voudrait le retrouver ? tenta Nagare, qui comprenait de moins en moins le raisonnement de Reiji.

— Vraiment ?

— Oui, pourquoi ?

— Il pourrait l'attendre devant chez lui, non ?

— Je te rappelle que Todoroki a disparu…

— Dans ce cas, qu'est-ce qui fait penser à Hayashida qu'il a lu la carte postale ?

— Je n'avais pas pensé à ça…

Reiji poursuivit sa réflexion. Jouer les détectives lui paraissait sûrement grisant.

— Une célébrité ne disparaît pas si facilement, elle laisse probablement juste son travail en plan. Si la police se lançait à sa recherche, elle retrouverait certainement Todoroki en un rien de temps. Du coup, ce n'est pas logique…

— Qu'est-ce qui n'est pas logique ?

Reishi partageait son raisonnement avec Nagare au fil de sa pensée, tel Sherlock Holmes avec le Dr Watson.

— Le comportement de Hayashida.

— Comment ça ?

— Réfléchis bien. Pourquoi prendrait-il la peine de venir jusqu'ici alors qu'il lui suffirait de l'attendre bien tranquillement devant chez lui ?

— Parce que Todoroki a l'intention de se rendre dans le passé pour revoir sa femme ?

— Ça te semble une raison suffisante pour passer trois jours entiers en embuscade ?

— Tu ne crois quand même pas que…, commença Nagare.

— Si ! Il doit avoir une bonne raison de vouloir l'en empêcher.

Les yeux de Reiji lançaient des éclairs.

— D'accord, mais laquelle ?

— Eh bien…

Nagare attendait la suite, ses petits yeux aussi écarquillés que possible.

— … je n'en sais rien.

— Tu te moques de moi ?

Nagare tomba théâtralement à genoux.

— Désolé…

— Pff…

— Imaginons que Kazu essaie de t'empêcher d'aller dans le passé, à ton avis, quelles pourraient être ses motivations ? reprit Reiji en se grattant la tête.

— Je t'avoue que rien ne me vient à l'esprit.

— Réfléchis, ça pourrait nous mettre sur une piste…

— Elle ne ferait jamais une chose pareille !

— Tu en es sûr ?

— Certain ! Elle n'a jamais essayé de dissuader le moindre client et je ne vois pas pourquoi ce serait différent avec moi.

— Si tu le dis…

Reiji avait l'air déçu, mais il n'avait pas encore révélé le fond de sa pensée. Même Nagare le percevait.

— Allez, crache le morceau, dit ce dernier en le regardant dans les yeux.

— Je me fais sans doute des idées, mais je me demandais…

— Quoi ?

— Si Todoroki, Hayashida et Setsuko ne faisaient pas ménage à trois…

— Tu crois ?

— On ne peut pas exclure cette possibilité, dit Reiji sur un ton étrangement sinistre.

Nagare détestait fourrer son nez dans les histoires de couples, surtout quand ce n'était pas glorieux. Il essuya la sueur qui perlait à son front.

— Si ça se trouve, Hayashida ne veut pas que Todoroki revoie Setsuko parce qu'il cherche à protéger un secret.

— Un… un secret ?

— Tout à fait.

— C… comme quoi, par exemple ?

— Ça…

Ding-dong.

— Bienve… nue…

Mince…

Reiji avait eu le souffle coupé en voyant qui venait d'entrer. C'était l'homme dont ils étaient en train de parler, Todoroki.

Il cacha son trouble et l'accueillit avec son sourire le plus commercial. Todoroki portait un costume de marque gris. Il était aussi large que Hayashida était élancé et arborait une permanente aussi impeccable qu'à la télévision.

Il n'a pas l'air si déprimé que ça, pensa Reiji.

D'après le récit de Hayashida, il s'attendait à voir débarquer un homme échevelé, débraillé, imbibé d'alcool, peut-être même avec une bouteille à la main. Il s'apprêtait à le guider vers une table, mais Todoroki l'arrêta d'un geste et alla s'asseoir au comptoir.

— Un soda crème, demanda-t-il à Nagare.

Un quoi ?

Ça aussi, c'était inattendu.

— Je vous prépare ça tout de suite.

Nagare s'inclina puis s'éclipsa dans la cuisine. Au moment de passer la porte, il jeta à Reiji un coup d'œil qui voulait dire : « Il a l'air étrangement normal, non ? »

La nuit avait commencé à tomber. Le soleil n'avait pas encore complètement disparu à l'horizon, mais le ciel s'embrasait déjà. Le rouge du ciel répondait à celui des feuilles. C'était triste et beau à la fois. Dans la salle, il faisait sombre, mais la pénombre avait son charme.

L'un après l'autre, les clients réglaient et s'en allaient, tandis que Todoroki sirotait son soda crème en regardant par la fenêtre sans dire un mot.

— Yukari n'est pas là ? demanda-t-il soudain à Reiji.

— Pardon ?

Comme il ne s'attendait pas à ce qu'on lui adresse la parole, il n'avait pas entendu.

— Yukari, la patronne. Elle est en vacances ?

Reiji croisa le regard de Nagare, qui était sorti de la cuisine pour voir quelle tournure prenaient les choses. Todoroki attendait peut-être que Yukari fasse son apparition. Reiji avança d'un pas dans sa direction.

— En ce moment, elle est aux États-Unis, répondit-il.

— Aux États-Unis ? Pourquoi ?

— En fait, elle est partie à la recherche du père disparu d'un client, dit Reiji en faisant un clin d'œil à Nagare.

Il expliqua à Todoroki que le garçon avait entendu parler du *Dona Dona* et espérait remonter le temps pour retrouver son père, mais que, comme ce dernier n'avait jamais mis les pieds dans le café, son plan était voué à l'échec. Le pauvre était si abattu que Yukari n'avait pas eu le cœur de l'abandonner à son sort.

— Et elle est partie aux États-Unis, comme ça ?

— Tout à fait.

— Je la reconnais bien là, répondit Todoroki en éclatant d'un rire franc. Elle m'a envoyé une carte postale, alors j'ai eu envie de passer lui dire bonjour, poursuivit-il en produisant la même carte que Hayashida, sur laquelle Yukari posait devant le paysage impressionnant de Monument Valley. Moi qui pensais qu'elle était en vacances ! Elle ne peut pas s'empêcher de venir en aide à toutes les personnes qui croisent son chemin.

Todoroki eut un sourire amer, mais son ton n'était pas sarcastique.

— C'est vrai, confirma Reiji.

— Quand rentre-t-elle ?

— Je n'en ai pas la moindre idée. C'est tout juste si elle nous envoie un télégramme de temps en temps…

— Un télégramme ? De nos jours ?

— Oui.

— Bref, on ne peut pas aller dans le passé…

Todoroki avait murmuré ces derniers mots d'un air déçu.

J'en étais sûr, pensa Reiji. Todoroki était bien venu pour voyager dans le temps. Mais quelles étaient ses véritables intentions ? Todoroki saisit l'addition et se leva en laissant la carte postale sur le comptoir.

Dong.

L'horloge venait de sonner 17 h 30. Todoroki jeta un coup d'œil dans sa direction, puis se dirigea vers la caisse.

— Si, c'est possible, fit une voix dans son dos.

C'était Nagare qui avait parlé. Todoroki se retourna. Ses yeux ressemblaient à deux grandes ombres noires. Derrière lui, on pouvait apercevoir les feuilles d'automne illuminées par les lampadaires.

— Vraiment ? demanda-t-il d'un air las.

— Absolument.

— Une autre dame du clan Tokita a pris le relais ?

— Vous êtes très au courant.

— Je viens ici depuis que je suis gamin.

— Ah, je comprends.

Todoroki ne demanda pas qui servait le café à la place de Yukari. Tant qu'il pouvait retourner dans le passé, ça lui était égal.

— Il n'est pas encore allé aux toilettes aujourd'hui ? reprit-il en regardant le vieil homme en noir assis à la place clé.

Ce dernier était plongé dans son roman, comme toujours.

— Non.

— Tant mieux.

Todoroki retourna lentement s'asseoir au comptoir et commanda un autre soda crème. Plusieurs clients le reconnurent et vinrent échanger quelques mots avec lui ou lui demander un autographe. Il s'exécuta de bonne grâce, taquinant ses interlocuteurs comme il avait l'habitude de le faire sur scène. Reiji se demanda s'il avait vraiment disparu à un moment donné.

Les clients partirent au compte-gouttes. C'est seulement une fois que le soleil eut complètement disparu derrière l'horizon que Todoroki se retrouva seul avec Reiji, qui modifia l'éclairage pour la nuit.

— Waouh ! s'exclama Todoroki, admiratif.

L'abat-jour pendu au plafond diffusait une lumière douce qui n'altérait en rien la vue. Le paysage changeait avec les saisons : en été, les lanternes des pêcheurs semblaient flotter sur la mer, tandis qu'en automne, les illuminations donnaient aux arbres un aspect irréel. Cette mise en scène se répétait depuis quelques années, mais c'était la première fois que Todoroki y assistait.

— Vous voulez revoir votre défunte épouse ? demanda Reiji.

Une expression gênée passa sur le visage de Todoroki, mais disparut presque instantanément.

— Comment le savez-vous ? demanda-t-il.

— M. Hayashida est passé dans la journée…

— Je vois, le coupa Todoroki, comme s'il avait tout compris et n'avait pas besoin d'en savoir plus.

Puis il baissa la tête et se tut.

— Qu'est-ce qu'il a dit ? demanda-t-il à Reiji au bout de quelques minutes.

— Que vous viendriez peut-être pour revoir votre femme…

— Et à part ça ?

— Rien de particulier.

— Vraiment ?

— Oui.

La conversation s'interrompit.

Todoroki regardait par la fenêtre, évitant ainsi de croiser les regards de Reiji et de Nagare.

— J'ai poursuivi ce but pendant si longtemps, murmura-t-il au bout d'un moment.

Il avait parlé si bas que même s'il y avait eu d'autres clients dans la salle, ils ne l'auraient pas entendu.

— Remporter le Grand Prix de la comédie ?

— Oui.

Todoroki caressa la bague qui ornait son annulaire gauche.

— C'était plus le rêve de ma femme que le nôtre…

La bague était simple, à peine ternie.

— Je voudrais tellement voir la joie sur son visage. Je ne tenais pas en place. Les médias racontent que j'ai disparu, mais j'ai tellement de travail que c'était le seul moyen de venir ici, ajouta-t-il timidement.

Tu parles d'un triangle amoureux… Reiji avait honte de ses élucubrations. Il n'osait même plus regarder Nagare en face.

— Je suis vraiment désolé, dit-il d'une voix éteinte.

Puis il baissa la tête.

Todoroki ne savait pas pourquoi Reiji s'excusait, mais ça n'avait pas l'air de le perturber. Il se contenta de hocher légèrement la tête. Ensuite, il sortit une médaille dorée étincelante de sa poche de poitrine.

C'était la médaille décernée aux vainqueurs du Grand Prix de la comédie.

— Une fois que j'aurai annoncé la nouvelle à ma femme, je me remettrai au travail.

C'était une façon de demander à retourner dans le passé.

— Très bien.

Reiji n'était pas en position de décider qui pouvait ou non voyager dans le temps, mais c'était son cœur qui avait parlé. À ses côtés, Nagare ressentait la même chose et ne le contredit pas. Au fond de lui, il se demandait pourquoi Hayashida avait attendu Todoroki si longtemps, mais après tout, ce n'était sans doute pas pour une raison bien grave. Il voulait peut-être simplement savoir où Todoroki se trouvait. Reiji décida d'ignorer sa première intuition.

— Je vais prévenir Hayashida, dit Todoroki en sortant son téléphone portable.

Il commença à écrire un message.

Hayashida avait demandé au personnel du café de le prévenir si Todoroki faisait son apparition, mais si le principal intéressé lui-même voulait s'en charger, c'était encore mieux. Reiji se sentait soulagé.

À cet instant, on entendit un bruit sec. Le vieux gentleman en noir coinça sous son bras l'ouvrage qu'il venait de refermer et se leva sans un bruit. Il se redressa, rentra le menton et se dirigea vers les toilettes, droit comme un I. Ses pas ne faisaient aucun bruit. Il se plaça devant la porte des toilettes, qui s'ouvrit en silence, puis disparut à l'intérieur. La porte se referma. Todoroki, Reiji et Nagare avaient assisté à la scène.

La place était libre. Il suffisait de s'y asseoir et de commander un café pour remonter le temps, mais Todoroki ne réagit pas tout de suite.

— On va avoir besoin de Sacchan, dit Reiji, brisant le silence. Je vais la chercher, ajouta-t-il en se dirigeant vers l'escalier.

— Appelle aussi Kazu, lui demanda Nagare.

Reiji hocha la tête sans un mot puis descendit les marches. Todoroki retrouva enfin ses esprits et s'aperçut de l'absence de Reiji. Il lança à Nagare un regard interrogateur qui signifiait : « Je peux m'asseoir ? »

— Je vous en prie, se contenta de dire ce dernier.

Todoroki était nerveux. Comme tous ceux qui s'apprêtaient à revoir une sœur, un ami, une mère ou une épouse qui n'était plus de ce monde, il hésitait.

Plus les liens qui unissaient le voyageur au défunt étaient forts, plus son trouble était grand, car il savait que même en remontant le temps, il ne pourrait sauver l'être cher. Les règles étaient formelles : on ne pouvait pas changer le cours des choses.

Todoroki s'apprêtait à annoncer à Setsuko qu'il avait remporté le Grand Prix qui lui avait échappé de son vivant. Rien ne pourrait lui faire plus plaisir que de lire la joie sur le visage de la femme qu'il aimait tant. Malheureusement, ce bonheur partagé ne durerait que le temps que le café refroidisse. Todoroki devrait s'en aller, sinon il se transformerait en fantôme et serait condamné à passer l'éternité sur cette chaise. Pour voyager dans le temps, il fallait être conscient de ces limites, qui rendaient souvent difficile la décision de s'asseoir sur la chaise.

Des bruits de pas se firent entendre et Reiji réapparut.

— Elles arrivent tout de suite.

Le jeune homme, qui s'attendait à trouver Todoroki à la place du vieux gentleman, s'étonna de le voir encore au comptoir. Il évita son regard. Todoroki s'en était-il rendu compte ? Toujours est-il qu'il se leva enfin et se dirigea vers la chaise.

Kazu et Sachi montèrent l'escalier. Kazu portait une chemise en jean à manches longues et un pantalon noir, elle n'avait pas enfilé de tablier. Sachi était vêtue d'une robe à fleurs aux emmanchures ornées de jolis volants et d'un tablier bleu.

— Soyez le bienvenu, dit Kazu à Todoroki, qui se tenait debout devant la chaise.

— J'en déduis que c'est vous qui allez me servir à la place de Yukari ? demanda l'humoriste.

— Pas du tout.

— Alors qui ?

— Ma fille, répondit Kazu en regardant Sachi à ses côtés.

— Je m'appelle Sachi Tokita, ajouta cette dernière en s'inclinant.

Todoroki se souvint que Yukari lui avait confié que les femmes de sa famille avaient le pouvoir de servir le café dès l'âge de sept ans. *Je vois,* pensa-t-il. *Elle est assez grande.*

— Je m'en remets à toi, lui dit-il en souriant.

Sachi sourit en retour.

— Va t'occuper des préparatifs, lui dit Kazu.

— D'accord !

Sachi prit un plateau et partit vers la cuisine, suivie de Nagare. Une fois qu'ils eurent disparu, Todoroki se glissa enfin entre la chaise et la table. Il fréquentait le *Dona Dona* depuis l'enfance, mais c'était la première fois qu'il s'asseyait à cette place. Il jeta un regard curieux à la salle.

— Votre femme aussi était une habituée ? lui demanda Kazu.

C'était la première fois qu'elle rencontrait Todoroki, mais mentionner Setsuko était une façon de lui faire comprendre qu'elle était au courant de la situation dans les grandes lignes.

— Absolument. Il y a cinq ans, peu avant son décès, elle a passé le Nouvel An à Hakodate et elle m'a raconté qu'elle en avait profité pour aller saluer Yukari.

— Vous aimeriez remonter jusqu'à ce jour-là ?

— C'est mon intention.

Todoroki savait sans doute précisément à quelle heure Setsuko était passée au café. Kazu ne voyait rien à ajouter.

Sachi réapparut avec un plateau. Au cours des derniers mois, elle s'était exercée tous les jours en suivant les conseils de Kazu et Reiji et elle avait fait d'énormes progrès. D'un geste pas encore tout à fait assuré, elle posa devant Todoroki une tasse d'un blanc immaculé.

— Vous a-t-on expliqué les règles ? demanda-t-elle poliment.

Todoroki s'aperçut de sa nervosité et lui sourit.

— Oui, ne t'inquiète pas. J'ai même travaillé ici, il y a longtemps. Tout va bien se passer.

Comment savoir s'il disait la vérité ? En tout cas, il était évident qu'il voulait la rassurer. Sachi se tourna vers sa mère et l'interrogea du regard. *Je peux ?*

Kazu répondit par un sourire. Sachi se détendit. Elle n'avait que sept ans, il était normal qu'elle soit nerveuse. Elle souleva lentement la cafetière en argent.

— Dans ce cas, n'oubliez pas de revenir avant que ça ne refroidisse, dit-elle.

Puis elle commença à verser le café dans la tasse. Son entraînement semblait avoir porté ses fruits, car le breuvage coula en un mince filet et remplit silencieusement la tasse. Todoroki se souvint du jour où, enfant, il avait pour la première fois entendu parler du *Dona Dona.*

« Mais oui, on peut remonter le temps, c'est ça ! Si en plus ça ne change même pas le présent, franchement, je ne vois pas l'intérêt… » Telle avait été sa réaction. À l'époque, il était loin de se douter qu'un jour il s'apprêterait lui-même à voyager dans le temps.

Maintenant que j'y pense, Setsuko était là, elle aussi, se dit-il. *Elle s'était exclamée « Chouette ! », les yeux pétillants.* Il laissa échapper un petit rire teinté de nostalgie, puis son corps se transforma en un filet de vapeur qui s'éleva avant de disparaître, comme aspiré par le plafond. Tout ça n'avait duré qu'un instant.

Ding-dong.

La clochette sonna et Hayashida entra en courant dans la salle. Il se précipita vers le siège que Todoroki venait de quitter et cria :

— Gen !

C'était le prénom de Todoroki.

— Monsieur Hayashida, tout va bien ? demanda Reiji qui, tout comme Sachi, avait été surpris par cette irruption.

— Où est-il ? Où est Gen ?

— Pardon ?

Reiji avait compris que Hayashida faisait référence à Todoroki, mais il ne saisissait pas pourquoi il était si agité.

— Il… il vient de partir retrouver son épouse dans le passé…

— Pourquoi vous l'avez laissé y aller ? dit-il en attrapant Reiji par le col sans attendre la réponse.

— M… monsieur Hayashida ?

— Ah…

Sachi, effrayée par le comportement de l'homme, s'était réfugiée derrière sa mère. Hayashida se fit tout petit et lâcha le col de Reiji, mais son cœur battait toujours aussi vite. Il inspira et expira profondément.

— Qu'est-ce qui se passe au juste ? demanda Reiji en le fixant craintivement du regard.

— Il n'a pas l'intention de revenir dans le présent, murmura Hayashida, à bout de forces, en contemplant le siège vide.

— Pardon ?

Nagare ouvrit grand ses petits yeux. Reiji avait du mal à intégrer l'information. Todoroki ne lui avait pas semblé particulièrement désespéré, mais si les craintes de Hayashida étaient fondées, ça expliquerait qu'il l'ait attendu si longtemps. Il avait voulu empêcher son ami de se suicider.

— M. Todoroki nous a affirmé qu'il reviendrait dès qu'il aurait annoncé à sa femme que vous aviez remporté le Grand Prix de la comédie…

C'était la pure vérité. Reiji n'avait pas imaginé une seconde que Todoroki n'ait pas l'intention de revenir et il espérait que Hayashida se trompait. Ce dernier laissa échapper un long soupir.

— Il vous a menti.

— Pourquoi il aurait fait ça ?

Hayashida sortit son téléphone portable de sa poche et tourna l'écran vers Reiji. Le message était bref : « Désolé. Je compte sur toi pour la suite. »

Todoroki avait dû écrire ces mots à l'instant, sous le nez de Reiji. De toute évidence, il n'avait aucune intention de revenir.

— C'est impossible, murmura Reiji, puis il posa son regard sur le siège vide en retenant sa respiration.

Todoroki avait fréquenté la même école primaire que Hayashida et Setsuko. Il n'était pas vraiment mauvais élève, ses résultats étaient même dans la moyenne haute, mais il n'aimait pas l'école. Hayashida et Setsuko, en revanche, étaient parmi les meilleurs. Tous les trois espéraient entrer au lycée professionnel de Hakodate, un établissement d'État qui se trouvait en ville et que les élèves surnommaient le « lycée pro ». En cinq ans (cinq ans et demi pour la section Marine marchande), il formait de futurs techniciens, principalement pour l'industrie.

À l'époque, Todoroki et Hayashida ne visaient pas encore une carrière d'humoristes. Le lycée pro était connu pour accorder une relative liberté à ses élèves tout en leur garantissant un excellent taux d'insertion sur le marché de l'emploi. Il était classé vingt et unième sur les quatre cent quatre-vingt-six lycées de Hokkaidô, mais premier des quinze lycées publics et d'État de l'île. Autant dire que les places y étaient chères. Au moment d'apposer son sceau sur le formulaire d'inscription à l'examen d'entrée que Todoroki avait rempli, son professeur principal lui avait dit qu'il n'avait aucune chance. Le jeune homme ne s'était pas laissé abattre pour autant.

— Quand on veut, on peut ! avait-il rétorqué.

Hayashida avait proposé qu'ils visent un lycée plus susceptible de les accepter tous les trois, mais Setsuko était persuadée que Todoroki s'en sortirait et elle l'avait soutenu dans son choix. Leur décision était prise. Todoroki avait travaillé d'arrache-pied. Encouragé par Setsuko, il avait révisé avec Hayashida plus de sept heures par jour pendant le mois précédant l'examen d'entrée.

Le jour J, il neigeait sur Hakodate. Comme cela n'avait rien d'exceptionnel dans la région, l'examen avait été maintenu. Il n'y avait pas de vent et les flocons tombaient lentement en tourbillonnant. La ville était couverte d'un épais manteau blanc. Les trois amis avaient fait le chemin ensemble. Ils se sentaient prêts. Quand Todoroki s'était entraîné grâce aux annales des années précédentes, il avait obtenu presque assez de points pour être accepté.

— Si tu n'es pas pris, c'est que tu n'as vraiment pas de chance, lui avait dit Setsuko en lui remettant un porte-bonheur censé garantir le succès aux examens.

— Ça va le faire ! avait répondu Todoroki en bombant le torse.

Il n'avait jamais autant étudié de sa vie. Par moments, il avait même eu l'impression d'y prendre goût. Malheureusement, ses efforts n'avaient pas porté leurs fruits. Il avait été le seul des trois à être recalé. Il s'en était voulu de décevoir ses amis, mais il n'éprouvait pas de regrets. Il avait le sentiment d'avoir donné le maximum, et se plaindre du résultat n'aurait rien changé. Il avait échoué. Setsuko avait versé des larmes de dépit.

— J'aurais mieux fait d'aller plus souvent au temple, avait dit Todoroki en riant.

Heureusement, il avait réussi le concours d'un autre lycée public, auquel il s'était inscrit seul. Le printemps était arrivé. Le jour de la cérémonie de rentrée, Todoroki s'était demandé s'il rêvait : Setsuko se trouvait dans sa classe.

— Ne me dis pas que…

La jeune fille avait renoncé à sa place au lycée pro pour être dans le même établissement que lui, et le hasard avait voulu qu'ils soient dans la même classe.

— Heureusement que j'ai pensé à aller au temple, moi, lui avait-elle dit en souriant. Comme ça, on sera toujours ensemble.

Je ne demande pas mieux, avait-il pensé.

Derrière la vitre, la ville était couverte de neige. Le soleil venait de se coucher. Le bleu du ciel se reflétait sur le manteau blanc qui avait pris une teinte cobalt. Les lampadaires du port diffusaient une lueur orangée. C'était la période de l'hiver où Hakodate était le plus à son avantage.

Le 3 janvier, cinq ans plus tôt.

À cette époque de l'année, le café fermait à 18 heures. Les vacances du Nouvel An n'étaient pas encore terminées et il n'y avait plus un seul client. Yukari et Setsuko étaient seules avec le vieux gentleman. Quand quelqu'un se matérialisait à sa place, c'était toujours à l'improviste.

Il arrivait parfois que le fantôme disparaisse soudain dans des volutes de vapeur et soit remplacé par un visiteur venu du futur. Comme le *Dona Dona* était très prisé des touristes, certains clients ignoraient qu'il était possible d'y remonter le temps, mais Yukari ne se départait jamais de son calme.

— Ça vous a plu ? lançait-elle aux clients qui avaient assisté à la scène, avant de leur expliquer qu'il s'agissait d'un tour de magie.

Certains, impressionnés, applaudissaient, mais Yukari refusait toujours de révéler « le truc » quand on le lui demandait.

Ce jour-là, le vieux gentleman fut une fois de plus enveloppé de vapeur. Yukari et Setsuko avaient assisté à ce phénomène à de nombreuses reprises, mais quand Setsuko vit qui avait pris sa place, elle s'écria :

— Gen ?!

— Surprise ! s'exclama Todoroki en esquissant un petit salut de la main.

Setsuko interrogea Yukari du regard. L'expression du visage de cette dernière changea brusquement. Elle s'approcha de Todoroki et lui prit la main.

— Gen ! Tu as l'air en forme. Je te regarde à la télé, tu sais ? Ça me fait plaisir de te voir.

— Merci beaucoup, répondit Todoroki, confus.

Yukari lui posa quelques questions auxquelles il répondit de façon évasive. Pendant que Todoroki et Yukari parlaient de la pluie et du beau temps, Setsuko s'approcha enfin.

— Qu'est-ce que tu fais ici ?

— Pourquoi ?

— Comment ça, pourquoi ? Tu m'as fait peur !

— Je n'avais aucun moyen de te prévenir, enfin.

— Tu marques un point, se radoucit Setsuko.

— Tu viens du futur ? demanda Yukari.

— Euh, oui…

— Il s'est passé quelque chose ?

L'échange n'avait pas duré longtemps, mais Setsuko, qui connaissait Todoroki depuis l'enfance, avait perçu quelque chose dans son attitude qui lui avait donné un mauvais pressentiment. Elle le dévisageait d'un air inquiet. Todoroki se trouvait face à sa femme, qui était censée être morte. Il était normal qu'il soit troublé et qu'il ait du mal à la regarder en face.

Setsuko…

S'il baissait la garde, les larmes lui monteraient aux yeux. Quoi qu'il arrive, il ne voulait pas lui annoncer qu'elle était morte.

— C'est que tu passes ton temps à dire que tu as pris un coup de vieux, mentit-il.

Dans l'urgence, c'était tout ce qu'il avait trouvé.

— Tu es sérieux ?

— Tout à fait, et j'ai décidé de remonter le temps pour vérifier si c'était vrai.

— C'est pour ça que tu es là ?

— J'en avais assez de t'entendre répéter sans arrêt la même chose.

— Tu m'en vois désolée !

— Tu n'as pas à t'excuser…

— C'est vrai.

Le couple éclata de rire. Pour Setsuko, ces échanges avec Todoroki étaient quotidiens, mais pour lui, c'était la première fois en cinq ans. Yukari les regardait fixement.

— Alors ? reprit Setsuko.

— Alors quoi ?

— Je croyais que tu étais venu m'examiner…

— C'est la pure vérité…

— Regarde bien, dit Setsuko en se penchant pour approcher son visage le plus près possible de celui de Todoroki. Tu trouves que j'ai pris un coup de vieux ?

— Tu n'as pas pris une ride.

— C'est vrai ?

— Absolument.

Setsuko était morte au printemps suivant. Comment aurait-elle vieilli ?

— Je l'ai échappé belle ! s'exclama-t-elle. C'est dans combien d'années ?

— Quoi donc ?

— Dans combien d'années je vais avoir l'impression d'avoir vieilli ?

— Dans cinq ans.

Setsuko croisa les bras, dubitative.

— Ça veut dire que tu as quarante-trois ans ?

— Oui.

— Tu n'es plus tout frais, toi…

— La ferme !

— Ha, ha, ha !

Seule Setsuko riait avec insouciance. Todoroki prit conscience que neuf jours à peine s'étaient écoulés depuis celui où il l'avait demandée en mariage après avoir décroché un contrat fixe à la télévision. C'était le 25 décembre, le jour de Noël.

— Tu es plus romantique que tu n'en as l'air, l'avait-elle taquiné.

— Oh, ça va ! avait-il répliqué, rouge comme une tomate.

— Je pourrais te répondre tout de suite, mais je préfère l'annoncer à mes parents avant, si tu n'y vois pas d'inconvénient, avait-elle répondu, rayonnante.

Puis elle s'était envolée pour Hakodate. Elle lui avait dit « oui » une fois rentrée à Tôkyô, le 4 janvier. C'est-à-dire le lendemain.

— Setsuko…, commença Yukari, qui avait suivi la conversation de loin.

Le sourire de Setsuko s'effaça.

— Je sais, répondit-elle.

Elle se mordit la lèvre et baissa la tête, puis elle respira un grand coup et demanda à Todoroki :

— Qu'est-ce que tu es vraiment venu faire ici ?

Pris de court, ce dernier cligna des yeux.

— Comment ça ?

— Tu sais très bien où je veux en venir.

— Non, pas du tout…

— Tu es venu m'annoncer une bonne nouvelle, pas vrai ?

Setsuko croisa les bras et regarda Todoroki d'un air satisfait.

— Je me trompe ?

— Non…

— Alors vas-y, j'attends !

C'était Setsuko qui menait la conversation, du début à la fin. Elle était persuadée de lire dans ses pensées, comme toujours. Il ne la contredit pas.

— Le Grand Prix de la comédie…

— Ne me dis pas que…

— On l'a remporté.

Le cri de Setsuko résonna dans toute la salle. Par chance, il n'y avait pas d'autres clients, mais elle aurait réagi de la même façon s'il y avait eu du monde.

— Du calme

— Ouaiiiiiiis !

— Tu me casses les oreilles !

— C'est supeeeeeer !

— Arrête, enfin !

Setsuko courait dans tous les sens, mais Todoroki était coincé sur sa chaise. S'il se levait, il retournerait instantanément là d'où il venait, et ce n'était pas ce qu'il souhaitait. Setsuko finit par s'asseoir en face de lui. Elle le regarda droit dans les yeux en reprenant son souffle.

— Quoi ?

— Félicitations !

Ses yeux brillaient.

— M… merci.

— Je suis vraiment contente. C'est le plus beau jour de ma vie.

— Tu n'exagères pas un peu ?

— Pas du tout !

— C'est vrai ?

— Oui.

En effet, elle semblait encore plus radieuse que le jour où Todoroki avait demandé sa main. Il se sentait soulagé. *Je suis tellement content de l'avoir vue si heureuse.* Pour la première fois depuis qu'il était dans le passé, Todoroki avait l'air transporté de joie. *Je peux m'en aller sans regret.*

— Maintenant, je peux mourir tranquille.

Ce n'était pas Todoroki qui avait parlé, mais Setsuko. Seule Yukari avait saisi le sens de ses paroles.

— Setsuko, ma douce…, murmura-t-elle, les yeux embués de larmes.

— Qu'est-ce que tu viens de dire ? s'exclama Todoroki.

— Je vais mourir, pas vrai ?

Todoroki en eut le souffle coupé.

— Tu n'aurais jamais remonté le temps, sinon.

— La preuve que si !

— Inutile de mentir…

— Je…

— Je sais que je suis malade et que je n'en ai plus pour longtemps.

— Setsuko…

— Quand tu as demandé ma main, j'étais incroyablement heureuse, mais je ne savais pas quoi faire. Je n'ai pas réussi à en parler avec mes parents, ils n'arrivent pas à me cacher leur tristesse. C'est pour ça que je suis venue voir Yukari…

Todoroki se souvint de la surprise sur le visage des deux femmes quand il était apparu. Yukari s'était immédiatement approchée de lui, mais Setsuko lui avait tourné le dos un instant. À ce moment-là, elle venait de penser à sa mort future et de prendre sa décision.

— Merci d'être venu me dire, pour le prix. Tu ne pouvais pas me faire plus plaisir.

— ...

— Ne pleure plus, dit Setsuko en séchant les larmes qui affleuraient aux yeux de son futur mari. Ton café va refroidir.

Todoroki secoua la tête.

— Qu'est-ce qui se passe ?

Setsuko se comportait comme une mère avec lui.

— Je n'ai pas l'intention de m'en aller.

— Pourquoi ? Vous venez de remporter le Grand Prix. Tout le monde va vouloir travailler avec vous. Il faut que tu sois courageux ! C'est pour ça qu'on est montés à Tôkyô, non ?

— Non, c'était pour toi. Je voulais te rendre heureuse, murmura Todoroki, la tête baissée.

Ses larmes tombaient sur la table. Il avait quarante-trois ans, mais il était secoué de sanglots. Il avait failli abandonner à de nombreuses reprises. Au milieu de la trentaine, il avait traversé une période difficile pendant laquelle, frustré de ne pas gagner correctement sa vie, il s'était beaucoup disputé avec ses amis humoristes. Il passait ses journées à écrire des sketchs et à s'incliner devant des gens. Des artistes qui avaient moins d'expérience que Hayashida et lui passaient à la télévision avant eux. Il se sentait sous pression.

Setsuko l'avait soutenu pendant cette mauvaise passe. Quand il se renfrognait, elle l'encourageait avec le sourire. Alors il se reprenait. Il se souvenait que s'il avait fait tant d'efforts, c'était pour la rendre heureuse. Seulement, maintenant, Setsuko n'était plus là.

— C'est toi qui m'as donné la force de continuer...

Force que je n'ai plus…

— Je sais…

— Quoi ?

— Tu m'adores, non ? affirma-t-elle en riant avec insouciance, comme à son habitude. C'est pour ça que tu as persévéré après ma mort.

— Comme c'était ton rêve qu'on gagne le Grand Prix…

— C'est vrai.

— … j'ai décidé de tenir bon jusqu'à le remporter.

— Et j'espère que tu vas continuer !

Todoroki secoua la tête.

— À quoi bon ? Sans toi, la vie ne vaut pas la peine d'être vécue.

Setsuko lui sourit, radieuse. Elle était adorable.

— Mais je suis là. Je serai toujours à tes côtés, dit-elle avec conviction. Tant que tu ne m'oublieras pas, je vivrai dans ton cœur. C'est ce qui t'a permis de tenir après ma mort, non ?

Dans mon cœur ?

— J'aimerais que tu continues à monter sur scène après mon décès. Ça me rendrait heureuse. Il n'y a que toi qui puisses faire ça pour moi.

Pour elle ?

— Je t'aime de toute ma vie.

Moi…

— Il n'y a aucune raison que ça s'arrête quand je mourrai.

Moi, je pensais que c'était la fin…

— Tu me promets que tu continueras à aller de l'avant ?

Setsuko souriait tendrement. En la regardant, Todoroki se mit à pleurer comme un enfant. La mort n'était pas synonyme de fin. Le souvenir de sa femme ne l'avait-il pas soutenu jusqu'alors ?

Il était sur le point de renoncer à peut-être dix pour cent, non, un pour cent de sa vie… sa vie avec Setsuko. Ce n'était pas toute son existence, mais pour lui, c'était énorme. Elle lui avait ouvert les yeux. S'il pouvait la rendre heureuse au-delà de la mort, il avait le devoir de faire de son mieux jusqu'à son dernier souffle.

— Allez, bois ton café, dit Setsuko en poussant la tasse vers lui.

Elle était presque froide. Todoroki releva son visage baigné de larmes et la saisit.

— Demain, j'accepterai de t'épouser. J'ai hésité, parce que je savais que je mourrais avant toi, mais comme j'ai pu te dire tout ce que j'avais sur le cœur…

— D'accord…

Setsuko se redressa et bomba le torse.

— Tu as intérêt à me rendre heureuse jusqu'à la fin, c'est compris ?

— Cinq sur cinq, répondit Todoroki en vidant la tasse d'un trait.

— Tant mieux.

Une larme roula sur la joue de Setsuko. La vue de Todoroki se brouilla, le décor commença à défiler de bas en haut. Setsuko le regarda se transformer en vapeur et s'élever vers le plafond. L'heure des adieux était venue.

— Tu te souviendras de moi pour toujours ?

— Tant que ça ?

— Tu tiens à ce que je revienne te hanter ?

— Ça va, ça va…

— Merci d'être venu me voir.
— Setsuko…
Todoroki disparut, comme aspiré par le plafond.
— Gen ! Je t'aime ! cria Setsuko de toutes ses forces.

Le silence retomba dans la salle et le vieux gentleman en noir réapparut là où Todoroki était assis quelques instants auparavant. Il lisait posément, comme si rien ne s'était passé.

En le regardant, Setsuko se souvint de sa première rencontre avec son futur mari. Elle était en cinquième année d'école primaire et venait de changer de niveau. Un jour, les garçons de la classe avaient commencé à la traiter de bactérie. Quand elle adressait la parole aux autres élèves, ils l'ignoraient. Certains allaient jusqu'à jeter à la poubelle les objets qu'elle avait touchés en disant qu'ils étaient contaminés. Chaque jour n'était que souffrance, que tristesse.

C'était à ce moment-là que Todoroki était arrivé dans sa classe après avoir fréquenté une autre école. Comme il avait le don de faire rire, il en était vite devenu la coqueluche, mais les autres élèves n'avaient pas arrêté de harceler Setsuko pour autant.

— Fais gaffe, si tu la touches, elle va te contaminer ! lui avait dit un des garçons.

Setsuko ne savait pas comment se défendre et le champ du harcèlement ne faisait que s'étendre, car les enfants renforcent leurs liens en se liguant contre un bouc émissaire. Setsuko s'attendait à ce que le nouveau se comporte de la même façon, puisque, s'il ne rentrait pas dans le rang, il serait exclu, lui aussi.

Mais Todoroki n'était pas comme les autres.

— Elle est plutôt jolie pour une bactérie, tu crois que je deviendrai beau, moi aussi ? avait-il répliqué en riant.

Ça n'avait pas mis fin au harcèlement, mais pour Setsuko, ça avait fait une énorme différence. Todoroki était gentil avec elle, lui. Quand des élèves voulaient jeter un objet en disant qu'elle l'avait contaminé, il le réclamait. Au bout d'un moment, Setsuko se rendit compte qu'elle se moquait qu'on la traite de bactérie, parce qu'elle savait que Todoroki volerait à son secours. Très vite, elle était tombée amoureuse de lui.

C'était à cette époque qu'ils avaient eu vent de la rumeur au sujet du *Dona Dona* et avaient commencé à le fréquenter. Ils y avaient fait la connaissance de Hayashida, qui n'était pas dans leur classe. Setsuko chérissait le souvenir de leur rencontre.

— Yukari…

— Oui ?

— J'ai été courageuse, non ? murmura-t-elle en tremblant. Je…

— Oui…

— …

— Tu as même été très courageuse !

— Merci…

Dehors, la neige tombait doucement, sans un bruit.

Avec l'éclairage, les feuilles d'automne semblaient s'embraser. Depuis que Hayashida lui avait dit que

Todoroki ne reviendrait pas, Reiji était blanc comme un linge.

— Je suis vraiment désolé, je n'aurais jamais imaginé qu'il pouvait envisager une chose pareille, dit-il, tout en sachant à quel point ses excuses étaient vaines.

— C'est moi qui aurais dû être plus explicite, répondit Hayashida.

Les deux hommes s'en voulaient déjà terriblement, ce n'était pas la peine d'en rajouter. Sachi leva la tête vers Reiji, soucieuse. L'ambiance était pesante.

— Ne t'inquiète pas, dit Kazu d'une voix douce à l'intention de Reiji. Quand nous avons discuté avec M. Hayashida cet après-midi, j'ai tout de suite compris qu'il était venu ici pour empêcher son copain de se rendre dans le passé, mais aussi que M. Todoroki n'avait pas l'intention de revenir.

— Quoi ? laissa échapper Reiji, sous le coup de la surprise.

— Dans ce cas, pourquoi l'avez-vous laissé y aller ? explosa Hayashida.

Kazu ne broncha pas.

— Laissez-moi vous poser une question, dit-elle sans se départir de son calme olympien. J'imagine que Setsuko est également au courant des règles, n'est-ce pas ?

— Oui, évidemment.

— Si l'homme de sa vie apparaissait sur cette chaise, serait-elle du genre à laisser son café refroidir sans intervenir ?

— Eh bien… je…

Effectivement, Hayashida ne pensait pas qu'elle se serait contentée de le regarder sans rien dire. Mais elle ne pouvait pas tout contrôler. Que se serait-il passé si Todoroki avait été assez fou pour renverser sa tasse, par exemple ?

— Vous voyez bien que ce n'était pas la peine de vous inquiéter, dit Kazu.

À ce moment-là, un mince filet de vapeur s'éleva de la chaise. Il se dilata comme une goutte de peinture dans l'eau et prit la forme d'une silhouette humaine, qui se changea en Todoroki.

— Gen ! s'écria Hayashida.

— Pas la peine de crier, imbécile, cracha Todoroki, tremblant.

Sur ces entrefaites, le vieux gentleman sortit des toilettes et se planta devant lui.

— Pardonnez-moi, il me semble que vous êtes assis à ma place, dit-il poliment.

— Excusez-moi !

Todoroki renifla un grand coup et s'empressa de libérer la place. Le vieil homme sourit d'un air satisfait, puis se glissa entre la table et la chaise sans un bruit.

— Gen…, reprit Hayashida.

— J'ai préféré revenir, tout compte fait, murmura Todoroki d'un air gêné.

— Je vois ça.

— Elle m'a dit qu'il n'y avait aucune raison que ça s'arrête à sa mort.

Todoroki n'avait pas besoin de préciser de qui il parlait. Ce ne pouvait être que de Setsuko.

— Je vois.

C'est elle tout craché, pensa Hayashida en souriant.

— Du coup, si tu pouvais effacer le message que je t'ai envoyé tout à l'heure…, ajouta Todoroki en détournant le regard d'un air embarrassé.

— Tu n'es qu'un égoïste…

— Désolé.

Après quoi, les deux hommes s'excusèrent pour le dérangement et s'en allèrent, non sans avoir demandé à l'équipe de passer le bonjour de leur part à Yukari quand elle reviendrait. Porondoron allait sans doute bientôt reprendre du service.

Comme si rien ne s'était passé, Kazu demanda à Reiji et à Nagare de fermer et descendit préparer le dîner avec Sachi. Reiji, qui avait culpabilisé d'avoir laissé Todoroki remonter le temps, avait repris des couleurs.

— Kazu est vraiment clairvoyante…

En rangeant, Reiji se remémora les événements qui venaient de se dérouler. Il soupira. À la fin de l'été, il y avait eu l'histoire de la photo. Kazu avait tout de suite compris ce que ressentait Yayoi, alors qu'elle ne travaillait au *Dona Dona* que depuis quelques mois. Il était impressionné par sa perspicacité.

Nagare, lui, rêvassait, et le ménage n'avançait pas beaucoup.

— Qu'est-ce qui se passe ? lui demanda Reiji.

Nagare se tourna vers lui d'un air presque solennel.

— Je n'ai pas arrêté d'y penser, murmura-t-il comme pour lui-même.

— À quoi ? demanda Reiji.

— À la raison pour laquelle je n'ai pas envie de la revoir…

Il reprenait la conversation qu'ils avaient eue en fin d'après-midi.

— Tu veux parler de ta femme ?

Reiji pensait que le sujet était clos.

— Tu as entendu ce que Todoroki a dit tout à l'heure, non ?

— Quoi en particulier ?

— Qu'il n'y avait aucune raison que ça s'arrête à sa mort.

— Ah, ça ! Oui, j'ai entendu.

— Moi aussi, je pense la même chose, murmura Nagare.

Il marqua une pause comme pour peser ses propres mots, puis il continua :

— Elle vit encore en moi. En nous.

Par « nous », il voulait parler de sa fille Miki et de lui.

Dong, dong, dong, dong…

À ce moment précis, l'horloge sonna 18 heures. On aurait dit qu'elle avait pris la parole à la place de Reiji, qui ne savait que répondre.

— Cette conversation est un peu gênante, dit Nagare en plissant les yeux quand le carillon se tut.

— Un peu, reconnut Reiji.

— Fais comme si tu n'avais rien entendu.

— D'accord.

Les deux hommes se remirent à faire le ménage. Les feuilles rougeoyantes bruissaient, semblant les encourager à accélérer la cadence.

3

La petite sœur qui voulait s'excuser

« Je te confie le café pour quelque temps », disait la lettre que Yukari avait écrite à son fils avant de partir aux États-Unis à la recherche du père disparu d'un jeune client.

Yukari était incapable d'abandonner les gens à leur sort. Plusieurs années auparavant, une touriste originaire d'Okinawa était entrée tout à fait par hasard dans le café et avait appris qu'il était possible de remonter le temps. Elle avait alors émis le souhait de revoir sa meilleure amie, qui avait brusquement changé d'école quand elles étaient petites. Lorsque Yukari lui avait demandé pourquoi elle désirait tant revoir cette amie, la cliente avait répondu qu'elle avait toujours regretté de s'être disputée avec elle juste avant son départ. Malheureusement, elle ne connaissait pas les règles, qui étaient formelles : on ne pouvait ni revoir quelqu'un qui n'avait jamais mis les pieds au *Dona Dona*, ni se lever de sa chaise, et il fallait être de retour avant que le café ne refroidisse. Une fois informée, la femme s'était effondrée. Cette vieille histoire la minait depuis des années.

Face à ce genre de situation, Yukari ne pouvait pas rester les bras croisés. Elle avait demandé les coordonnées de la cliente et s'était rendue à Okinawa à plusieurs reprises dans l'espoir de retrouver l'amie en question. En désespoir de cause, elle avait décidé de faire appel aux réseaux sociaux. Elle n'y comprenait pas grand-chose, mais elle avait deux alliés au *Funiculi Funicula,* le café tokyoïte où il était également possible de remonter le temps : Gorô Katada, qui travaillait pour un développeur de jeux vidéo célèbre dans le monde entier, et Fumiko Takaga (anciennement Kiyokawa), ingénieure système, qui était déjà retournée dans le passé.

Yukari leur avait demandé comment s'y prendre. Ils lui avaient suggéré, entre autres pistes, de demander à un groupe de youtubeuses d'Okinawa de l'aider à diffuser une vidéo pour retrouver la personne, et cette stratégie s'était révélée payante. La chaîne avait plus d'un million d'abonnés de tous les âges dans tout le pays et la vidéo avait permis de retrouver la meilleure amie de la cliente, qui vivait à Hiroshima, et d'organiser des retrouvailles plus de dix ans après leur dernière rencontre.

La jeune femme avait été forcée de déménager à cause de ses parents. Elle aussi avait toujours regretté d'être partie dans ces conditions, mais elle n'avait pas osé contacter son amie de crainte que cette dernière ne lui en veuille, notamment d'être partie si précipitamment.

On ne peut pas deviner ce que les gens ressentent. Parfois, on se méprend tellement sur leurs sentiments qu'on n'ose pas leur parler. C'est pourquoi Yukari était du genre à agir d'abord et à réfléchir ensuite, quitte à bousculer un peu les gens. D'après elle, ce n'était pas parce qu'une personne lui disait de s'occuper de ses affaires qu'elle le pensait sincèrement. Elle avait pour principe de n'abandonner qu'au bout de trois tentatives : si la personne ne refusait pas son aide trois fois, c'était qu'elle n'était pas si malvenue que ça.

Le cas du petit Américain s'inscrivait lui aussi dans cette logique, même si, cette fois, Yukari avait décidé de remonter la piste du père disparu en menant l'enquête de façon plus traditionnelle. Personne, à commencer par elle, ne savait combien de temps cela durerait.

Un jour, une carte postale d'elle arriva.

Je ne pourrai pas rentrer avant un moment.

— C'est tout ? s'exclama Saki en jetant un œil à la carte que tenait Nagare.

Elle avait fini sa journée de travail à l'hôpital et portait des vêtements de ville.

— Oui, répondit ce dernier, le visage inexpressif.

— D'une certaine façon, ça lui ressemble, mais tout de même..., dit Saki qui, n'étant pas de la famille, découvrait l'absence de sens des responsabilités de Yukari.

— C'est elle tout craché, commenta Reiji sur un ton insouciant.

Comme Reiji travaillait à mi-temps au *Dona Dona* depuis des années, il était habitué aux caprices de la patronne, qu'il avait sans doute subis plus que Nagare lui-même.

Vers 17 heures, il ne restait plus dans la salle que Saki, un couple et Reiko Nunokawa. La petite sœur de Reiko avait travaillé au café pendant les saisons touristiques et, à force de passer la voir, Reiko était devenue une habituée.

— Saki…, dit Reiji à voix basse.

— Quoi ?

— Pourquoi tu as tenu à emmener Reiko ici aujourd'hui ?

— Comment ça ?

— Après ce qui est arrivé à Yukika…

Reiji n'avait pas besoin de terminer sa phrase. Yukika, la sœur de Reiko, avait appris que ses jours étaient comptés quatre mois plus tôt, puis elle avait succombé à une maladie dont Reiji n'avait jamais entendu parler et dont la cause était inconnue. Il y avait peu de cas au Japon et il n'existait aucun protocole de soins concret. Reiko en avait perdu le sommeil et il lui arrivait de passer au café dans un état second, à la recherche de sa défunte sœur. Quand Yukika était encore en vie, les deux jeunes femmes, qui s'entendaient à merveille, souriaient sans cesse, mais à présent, Reiko semblait éteinte. Saki avait beau l'emmener au *Dona Dona,* Reiji ne pouvait rien pour elle. Quand elle entrait dans son champ de vision, son cœur se serrait. Elle faisait vraiment peine à voir.

— Ce n'est pas un jour comme les autres, se contenta de répondre Saki.

La nuit approchait et dehors, l'éclairage faisait rougeoyer les feuilles d'automne. Assise au comptoir à côté de Saki, Sachi tenait le livre des 100 questions. Elle interrogeait les habitués et le personnel du café à la première occasion, mais elle s'était interrompue quand Nagare et Saki avaient évoqué la carte de Yukari.

Ding-dong.

— Bonsoir ! lança Nanako en faisant irruption dans la salle.

— Nanako ! s'exclama Sachi, les yeux brillants.

Elle était ravie d'avoir une personne de plus à qui poser des questions.

— Bienvenue, dit Nagare.

— Bonsoir, Sacchan, répondit Nanako en s'asseyant au comptoir de l'autre côté de la petite fille. Un soda crème, s'il te plaît, ajouta-t-elle à l'intention de Nagare.

— Ça marche ! lança ce dernier avant de disparaître dans la cuisine.

Nanako et Reiji étaient amis d'enfance et fréquentaient tous deux l'université de Hakodate, mais ces derniers temps, Reiji négligeait ses études et travaillait au café presque tous les jours. Il prévoyait de s'installer à Tôkyô pour se lancer dans une carrière d'humoriste et avait besoin d'argent pour réaliser son rêve.

Après les cours, Nanako passait à son club de musique, puis elle se rendait généralement au *Dona Dona.* Reiji la dévisagea d'un air inquisiteur et fronça les sourcils.

— Qu'est-ce qu'il y a ? demanda Nanako en détournant le visage.

— Tu as changé quelque chose ? demanda-t-il.

— Quelque chose comme quoi ?

— Je ne sais pas.

— Tu te moques de moi ?

— Je t'assure, tu as quelque chose de différent, mais je ne parviens pas à mettre le doigt dessus. Allez, avoue, qu'est-ce que tu as changé ?

— À ton avis ?

Ce changement, quel qu'il soit, troublait Reiji, et son trouble le déconcertait. Il était le seul à ne pas avoir compris ce qui le perturbait, peut-être parce qu'il était un homme.

— C'est le rouge à lèvres, lâcha Saki comme une évidence.

— Ce n'est pas la même couleur que d'habitude, ajouta Sachi, du haut de ses sept ans.

— Ah bon ? s'exclama Reiji malgré lui.

Saki regarda attentivement le visage de Nanako.

— C'est une nouveauté ? demanda-t-elle.

— Oui…

Ce n'était pas comme si Nanako ne se maquillait jamais. Seulement, il suffit parfois qu'une femme change de rouge à lèvres pour que son allure change du tout au tout. Pourtant, Reiji avait été incapable de déceler la nature du changement.

— Je me disais bien qu'il y avait quelque chose de différent, mais je n'aurais jamais pensé à ça…

Il était soulagé d'avoir identifié le détail qui le perturbait, mais il n'avait pas compris pourquoi son cœur s'était emballé.

— C'est super !

— Tu trouves ?

Le compliment de Saki avait fait mouche, et Nanako rit, satisfaite.

— Tu as rencontré quelqu'un ? demanda Reiji en se penchant sur le comptoir.

— Ça t'inquiète ?

— Non, ça m'intrigue.

— Comment ça ?

— Je me fiche de savoir avec qui tu sors, mais je me demande de quel type d'homme il s'agit.

— Ça revient au même !

— Pas du tout.

— Ah bon, et en quoi c'est différent ?

— Comme je viens de te le dire, tu es libre de fréquenter qui ça te chante, mais je serais curieux de savoir quel genre de personnalité t'attire et ce qui lui plaît chez toi.

— Désolée, mais je ne saisis pas la différence.

— Il y a quand même une nuance, non ?

— Franchement, non.

— Si tu ne comprends pas, tant pis pour toi.

Sachi les regardait se chamailler sans rien dire.

— Tu en es où ? lui demanda Nanako pour changer de sujet.

Elle avait remarqué que la petite tenait le livre des 100 questions entre les mains.

— À la quatre-vingt-sixième ! répondit Sachi sur un ton enjoué.

Sachi aimait lire seule en silence, mais dans ce cas précis, elle préférait interroger Nanako, Saki ou tout autre adulte disponible et écouter leurs réponses. L'occasion ne se présentait pas tous les jours, et comme elle n'enchaînait jamais plus de deux ou trois questions, deux mois s'étaient écoulés depuis le jour où elle avait posé la toute première.

— Tu arrives au bout, dis donc !
— Oui, on a presque fini…
— On continue ?
— D'accord !
D'ordinaire, Sachi dévorait deux ou trois livres par jour, alors lire un ouvrage à plusieurs en prenant autant de temps, c'était nouveau pour elle et ça lui plaisait.
Reiji les regarda du coin de l'œil en faisant la moue, puis il disparut dans la cuisine, aussitôt remplacé par Nagare, qui posa un soda crème devant Nanako en s'excusant pour l'attente. Sur le soda d'un vert émeraude très vif, il avait posé une boule de glace maison avec de la crème fraîche, des œufs et du sucre blond de première qualité.
— Merci beaucoup !
Le regard pétillant, Nanako saisit la paille. Elle adorait le soda crème de Nagare.
— « *Et si le monde devait s'effondrer demain ? en 100 questions* », commença Sachi pendant que Nanako savourait son soda.
— Je t'écoute…
— « Cent quatre-vingt-septième question : Vous avez un enfant de dix ans… », continua Sachi sur un ton sérieux…
— Encore une question délicate, dit Saki en fronçant les sourcils.
— Dix ans ? demanda Nanako.
Sachi hocha légèrement la tête.
— C'est un âge charnière…
Ce qu'elle voulait dire, c'est qu'à cet âge-là, les enfants avaient déjà un pied dans le monde des

adultes. Ils étaient parfaitement capables d'effectuer une recherche sur internet et ne se contentaient plus de réponses vagues.

— Tu peux continuer, dit-elle à Sachi.

— « Vous avez un enfant de dix ans. Si le monde devait s'effondrer demain, que feriez-vous ? reprit Sachi. ① Je ne le lui dirais pas, parce qu'il n'est pas en âge de comprendre. ② Je lui dirais la vérité, parce que si je la lui cachais, j'aurais mauvaise conscience. »

— Réponse ①, lança Nanako sans hésiter, dès que Sachi eut terminé sa phrase.

— Tu ne lui dirais pas ? demanda Saki.

— À un enfant de dix ans ? Non. Ça ne servirait à rien à part à lui faire peur.

— Je vois.

— Tu lui dirais, toi ?

— S'il avait dix ans…

Saki regarda le plafond un moment, puis murmura « Sans doute pas », comme pour elle-même.

— Tu vois bien !

— Et si c'était toi qui avais dix ans ? insista Saki.

— Quoi ?

— Tu voudrais savoir ou pas ?

— Euh…

Cette fois, ce fut Nanako qui se mit à contempler le plafond. Sachi observait l'échange entre les deux femmes, les yeux brillants.

— Je crois que j'aimerais savoir, répondit Nanako.

— Tu ne trouves pas ça contradictoire ?

— Non, ce sont deux choses bien différentes…

— Tu crois ?

— Oui ! Autant ça ne me dérange pas de souffrir, autant je ne veux pas voir mon enfant triste, j'imagine.

— Je comprends, dit Saki en hochant la tête.

C'était à la fois contradictoire et logique.

— Et toi, Nagare ?

— Hmm… je penche pour la réponse ②.

— Pourquoi ?

— Parce que non seulement j'aurais mauvaise conscience, mais je pense que je serais incapable de le lui cacher.

— C'est vrai que tu n'as pas l'air doué pour le mensonge, dit Nanako.

— Je parie que si ta fille te demandait si tu lui caches quelque chose, tu avouerais toute la vérité, renchérit Saki.

— C'est même sûr, répondit Nagare en se grattant la tête.

Assise à la table près de la fenêtre, Reiko suivait ces échanges d'un air absent.

Dong.

L'horloge venait de sonner 17 h 30. Coïncidence ou non, le couple se leva. Reiji se précipita vers la caisse. On entendit des pas dans l'escalier et Kazu fit son apparition. Nagare, Sachi et elle vivaient à l'étage du dessous.

— Sachi, dit Kazu.

— Quoi ?

— Viens dîner.

— J'arrive !

Sachi referma le livre des 100 questions.

— On continuera la prochaine fois, dit Nanako.
— D'accord ! répondit Sachi.

Elle posa le livre sur le comptoir et descendit à l'étage inférieur. Kazu fit un clin d'œil à Nagare et suivit sa fille. Elle comptait sur lui pour la suite.

Ding-dong.

Le couple avait réglé l'addition et était sorti du café. Dans la salle, il ne restait que Nanako, Saki et Reiko.

— Au fait, Saki, dit Reiji en frappant dans ses mains, j'aimerais avoir ton avis sur le sketch que j'ai l'intention d'interpréter pour ma prochaine audition, je peux te le montrer ?

Il rêvait d'être repéré par une agence connue et de faire carrière en tant qu'humoriste, et de temps à autre, il lui arrivait de demander l'avis des habitués avec lesquels il s'entendait bien.

— L'autre jour, j'ai appris que Todoroki et Hayashida, du duo Porondoron, étaient originaires de Hakodate et qu'ils venaient souvent au *Dona Dona*, ça m'a remotivé.

Saki doucha l'enthousiasme du jeune homme en quelques mots :

— Tes sketchs ne sont pas drôles.

Elle poursuivit :

— Non seulement ils ne sont pas drôles, mais ils sont franchement nuls et ils manquent de rythme. En fait, on ne sait même pas à quel moment le public est censé rire. Tu n'es pas fait pour ce métier. À ta place, je jetterais l'éponge.

Elle n'y était pas allée avec le dos de la cuiller.

— Tu… tu n'y vas pas un peu fort ? intervint Nagare.

Il avait peur que les critiques de Saki blessent Reiji, mais ce dernier ne semblait pas affecté.

— Ce n'est pas vrai ! protesta-t-il en souriant avec insouciance, sans se décourager.

Rien ne pouvait le faire douter de lui.

— Je te dis ça pour te rendre service, tu sais ? Pour que tu n'aies pas de regrets quand il sera trop tard.

— Ne t'inquiète pas, ça n'arrivera pas.

Les mots de Saki glissaient sur lui comme l'eau sur les plumes d'un canard. Elle soupira.

— Tu veux me le montrer, à moi ? proposa Nanako.

— Non merci.

— Pourquoi ?

— Parce que ça ne servirait à rien.

Comme ils étaient amis d'enfance, il craignait qu'elle ne soit pas assez dure avec lui.

— J'aimerais que tu prennes mon avis en compte, insista Saki, mais Reiji l'ignora.

— Je sais ce qu'il me reste à faire ! lança-t-il sur un ton énergique, avant de disparaître dans la cuisine, au fond de laquelle se trouvaient les casiers des employés.

— Ça va, Reiji ? demanda Nagare en passant la tête dans la cuisine.

Aucune réponse. Nagare fit un clin d'œil à Nanako. Peu après, Reiji émergea avec un carnet sur lequel était écrit « Idées de sketchs » et un grand sac.

— Je peux te laisser t'occuper de la suite, Nagare ? demanda-t-il.

— Euh…, oui, bien sûr…

À cette époque de l'année, le café restait ouvert jusqu'à 18 heures. Comme l'horloge avait déjà sonné

17 h 30, même si de nouveaux clients se présentaient, il était trop tard pour commander. Par «la suite», Reiji voulait parler de la fermeture.

— Tu vas où ? demanda Nanako.

Elle lui reprochait de s'en aller alors que son service n'était pas terminé.

— Jouer mes sketchs dans la rue.

— À cette heure-ci ? Il fait déjà nuit noire.

— Il y a un Lucky Pierrot[1] devant le Kanemori Hall et je suis sûr que des touristes se promènent encore dans les parages.

Le Kanemori Hall se trouvait en plein milieu de la zone touristique du port de Hakodate, au coin des entrepôts de brique rouge. C'était avant tout une salle de concerts, mais on y organisait aussi des représentations théâtrales et toutes sortes d'événements. Il était entouré de boutiques et de restaurants. Comme le disait Reiji, à cette heure-là, le parvis était encore éclairé et il y avait du passage. En revanche, la météo n'était pas optimale. Le tonnerre grondait au loin depuis un petit moment, mais Reiji était prêt à affronter la pluie, la tempête et les éclairs.

— J'y vais ! lança-t-il sur un ton enthousiaste en s'en allant.

Ding-dong

— Reiji !

Il était trop tard pour l'arrêter.

---

1. Chaîne de hamburgers. *(N.d.T.)*

— Il est parti, murmura Saki, le menton appuyé sur la main.

Ah, les jeunes…

— Excuse-le, dit Nanako à Nagare.

— Ne t'inquiète pas, ce n'est rien, répondit Nagare. D'autant plus qu'aujourd'hui…

Il observa Reiko à la dérobée, puis échangea un clin d'œil avec Saki, qui regarda l'horloge.

— C'est vrai, murmura-t-elle.

— Son unique talent, c'est sa persévérance, soupira Nanako.

Saki était sur le point de lui répondre : « Et pourtant, tu es amoureuse de lui, pas vrai ? », mais elle se retint et se contenta de la regarder en souriant.

— Quoi ?

— Rien, répondit Saki en tendant la main vers le livre des 100 questions, que Sachi avait laissé sur le comptoir.

Elle n'avait pas l'intention de lire les questions suivantes, mais elle avait besoin de s'occuper l'esprit pour ne pas dire quelque chose qu'elle pourrait regretter. Les deux femmes se sentaient un peu mal à l'aise, quand Reiko se leva sans prévenir.

— Je vous dois combien ? demanda-t-elle.

— Euh…, bafouilla Nagare, visiblement troublé.

L'heure de la fermeture approchait, il était normal que Reiko pense à s'en aller. Pourtant, Nagare lui répondit, affolé :

— Je… je vous ressers la même chose ?

C'était absurde.

— Non, j'aimerais payer, répondit calmement Reiko en tendant la main vers l'addition.

— Déjà ? Mais vous venez à peine d'arriver !

Ça aussi, c'était étrange. Reiko était arrivée avec Saki près d'une heure auparavant. Elle avait terminé le thé qu'elle avait commandé à ce moment-là et n'avait aucune raison de rester plus longtemps. Apparemment, elle n'avait juste pas envie de rentrer chez elle. Elle fixa la porte de l'établissement en silence.

— Yukika n'est pas venue, dit-elle d'une voix brisée.

— C'est vrai, mais…

La sueur perlait au front de Nagare. Il était visiblement mal à l'aise. Saki prit le relais.

— Vous aviez rendez-vous avec elle ? dit-elle d'une voix douce et calme, en prenant soin de ne pas la contredire.

— Oui.

Reiko restait debout, immobile.

— Elle m'avait promis de me présenter son amoureux aujourd'hui…

— Ah bon ? Vous devez avoir hâte de faire sa connaissance !

— En effet, mais je me suis peut-être trompée de jour…

Le visage de Reiko s'assombrit. Le problème, ce n'était pas la date, mais le fait que sa sœur était morte depuis deux mois et qu'elle continuait de l'attendre comme si de rien n'était. Ce n'était pas la première fois que ça se produisait. Elle venait de temps en temps au *Dona Dona* et tenait toujours les mêmes propos.

Saki était au courant de la mort de Yukika, puisque c'était elle qui avait assuré son suivi psychologique quand elle avait été hospitalisée. Pourtant, cette fois non plus, elle ne contredit pas Reiko.

— À votre place, j'attendrais encore un peu. Son petit ami a peut-être du retard.

Le regard absent de Reiko s'éclaira légèrement.

— Vous n'avez rien d'autre à faire, si ?

— Non, c'est vrai, répondit Reiko en continuant de fixer la porte du café.

— Dans ce cas, je vous offre un café, proposa Saki.

— Je… je vous le prépare tout de suite ! dit Nagare, et il se précipita vers la cuisine.

— Vous avez raison, je vais attendre encore un peu, dit Reiko avant de retourner s'asseoir.

— Je suis contente que tu te sois enfin décidée !

Yukika était de service, mais sa voix résonnait dans toute la salle.

— Chut, pas si fort !

Au comptoir, Reiko s'était faite toute petite. Elle ne voulait pas que tout le monde les regarde.

Pendant la haute saison, Yukika travaillait en tant qu'extra au *Dona Dona.* Certains jours, la salle ne désemplissait pas, au point que Yukari et Reiji ne s'en seraient pas sortis à deux. De temps en temps, Nanako leur prêtait main-forte.

La conversation avait eu lieu quelques semaines avant que Yukika ne soit hospitalisée, en pleines vacances de mai. Le festival des cerisiers battait son plein à la forteresse du Goryôkaku et au parc de Hakodate, et le café était bondé en permanence. Heureusement, le coup de feu de midi était passé et Yukika pouvait se permettre d'échanger quelques mots avec sa sœur, qui était là en tant que cliente.

— Ce n'est pas trop tôt !

Yukika s'était assise à côté de Reiko et la regardait d'un air heureux.

— Comment ça, pas trop tôt ? demanda Reiko.

— Mets-toi à la place de Mamoru !

Yukika tourna vers elle le tabouret sur lequel sa sœur était assise et se mit à la sermonner :

— Je ne sais pas ce qui te faisait hésiter, personne ne met six mois pour répondre à une demande en mariage !

— J'avais mes raisons.

— Je peux savoir lesquelles ?

— Ça me regarde.

Reiko et Yukika étaient orphelines, leurs parents étaient morts quand elles étaient petites. Elles avaient été recueillies par de la famille à Hakodate, mais dès que Reiko avait commencé à travailler, elle avait loué un appartement pour elles deux. Bref, si elle avait attendu si longtemps avant de dire oui, c'était uniquement parce qu'elle se sentait coupable d'abandonner sa sœur.

— Depuis quand tu as des secrets ?

— Qu'est-ce que ça peut bien te faire ? Ça ne change rien pour toi, répondit Reiko.

— Ben voyons !

— Quoi ?

— J'attendais que tu te maries la première, moi !

— Ah, parce que tu as un copain ?

— Évidemment ! Qu'est-ce que tu crois ?

Reiko tombait des nues. Elle voyait encore sa sœur – ou plutôt, elle voulait encore la voir – comme une enfant.

— Ça t'étonne à ce point ? demanda Yukika en faisant une moue qui voulait dire : « Arrête de me prendre pour une gamine. »

— Et tu… euh… tu comptes l'épouser ?

— S'il demande ma main, oui, répondit Yukika en relevant le menton.

— Ce qui signifie qu'il ne l'a pas encore fait ?

— Pas explicitement.

— Je vois.

Reiko était un peu triste, mais en même temps elle se sentait soulagée. Elle s'en voulait de se marier en laissant sa sœur derrière elle. Elle désirait son bonheur plus que tout au monde et espérait depuis longtemps qu'elle rencontrerait l'âme sœur. Dire que Yukika avait sans doute pensé la même chose à son sujet !

— En tout cas, maintenant, s'il me demande en mariage, je pourrai répondre oui tout de suite, ajouta Yukika en s'étirant.

Elle voulait que ce soit clair : elle n'aurait jamais osé se marier avant sa sœur aînée, mais Reiko l'ignora royalement.

— Présente-le-moi avant.

Cette fois, ce fut elle qui tourna Yukika vers elle, tabouret compris.

— Pas question !

— Pardon ?

— Je refuse.

— Tu ne peux pas l'épouser si tu ne me le présentes pas, si ?

— Pourquoi ?

— Comment ça, pourquoi ? Parce que je suis ta seule famille.

— Tu n'as pas ton mot à dire pour autant !

— Bien sûr que si.

— Bien sûr que non !

— Présente-le-moi.

— Même pas en rêve !

— Pourquoi ?

— Parce que !

Elles avaient l'air de se disputer, mais elles s'amusaient.

— Il n'a rien dans la cervelle, c'est ça ?

— Si.

— Il ne travaille pas ?

— Si.

— Je sais ! C'est un des trois P ?

— C'est quoi, ça ?

— Les trois métiers qui attirent les filles, mais qu'il vaut mieux éviter : les pompiers, les pilotes de ligne et les profs de fitness.

— Perdu !

— Alors, c'est un des trois M !

— C'est-à-dire ?

— Les musiciens, les masseurs et les maîtres nageurs.

— Tu balances juste des métiers qui commencent par « m » au hasard !

— Dis-moi ce qu'il fait dans la vie !

— Non !

— C'est un acteur ?

— Tu te moques de moi.

— Il veut devenir humoriste ?

— Alors là, sûrement pas !

— Je vous signale que j'ai tout entendu, intervint Reiji, qui se trouvait derrière elles.

Celui qui voulait devenir humoriste, c'était lui.

— Tu vas me le présenter, à la fin ?!
— Ça va, c'est d'accord ! Mais une autre fois !
— Quand ?
— Je ne sais pas, on verra bien.
— Je peux te faire confiance ? Tu me le promets ?
— Mais oui…
— Alors…
Reiko avança le petit doigt en direction de sa sœur.
— Quoi ?
Yukika fronça les sourcils.
— Promets-le-moi vraiment, avec le petit doigt.
— On a passé l'âge, non ?
— S'il te plaît.
À contrecœur, Yukika crocheta le petit doigt de sa sœur avec le sien.
— Si je mens, on me frappera dix mille fois…
— Ne parle pas si fort !
— … et j'avalerai mille aiguilles !
Reiko se remémorait le jour où Yukika lui avait fait cette promesse comme dans un rêve. Le fait que sa petite sœur soit en vie suffisait à son bonheur.

Mais Yukika n'était plus. Elle était morte avant d'avoir pu tenir sa promesse, un mois après avoir été hospitalisée. Ça avait été rapide, tellement rapide. Le temps des adieux était venu si vite, sans prévenir.

Ce décès avait complètement chamboulé la vie de Reiko. Au début, elle avait juste eu des insomnies, mais à force de ne pas dormir, elle avait commencé à rêver éveillée. Au bout d'un moment, elle avait cessé de faire la différence entre songe et réalité, et elle revivait régulièrement le jour où Yukika lui avait fait une promesse au *Dona Dona.*

Les symptômes étaient si sévères qu'ils tenaient du trouble psychiatrique et qu'elle avait dû entamer une thérapie avec Saki. Son mariage avec Mamoru, qui réjouissait tant Yukika, était également tombé à l'eau, car elle avait rompu ses fiançailles. Elle aurait trop culpabilisé d'être heureuse alors que sa petite sœur était morte.

Saki était convaincue que si elle ne la prenait pas en charge, les insomnies de Reiko s'accentueraient, elle dépérirait, sombrerait dans la confusion et ne serait plus en mesure de prendre de décisions rationnelles. Obsédée par l'idée qu'elle devait connaître un sort aussi tragique que sa sœur, elle risquait même de songer au suicide. C'était dire à quel point Yukika occupait une place importante dans sa vie. Elle était tout pour elle. Personne ne parvenait à l'aider. Un éclair zébra le ciel, inondant la salle d'une lumière blanche.

— Oh ! s'exclama Nanako malgré elle.

Quelques secondes plus tard, on entendit le tonnerre gronder.

— Ce n'est pas tombé loin, dit Nagare.

La pluie commença à tambouriner sur la vitre.

— J'espère que Reiji va bien…, reprit Nanako.

Il était sorti sans emporter de parapluie. Vu ce qui tombait, même s'il s'était abrité quelque part, il serait forcément trempé sur le chemin du retour. On était à la fin du mois d'octobre. À cette période de l'année, la pluie était glacée.

— Pas le choix, dit Nanako en se levant de son tabouret. Je peux emprunter des parapluies ? demanda-t-elle.

— Évidemment, répondit Nagare.

Nanako avait décidé d'aller à la rencontre de Reiji et elle savait que Yukari avait acheté un stock de parapluies spécialement pour ce genre de situation.

— Sois prudente !

Il faisait nuit noire et la tempête se rapprochait. Il était peu probable qu'elle soit frappée par la foudre, mais Nagare préférait la mettre en garde.

— Bien sûr !

Nanako soupira pour donner l'impression que ça ne l'enchantait guère de sortir, mais elle avait réagi vite, comme si elle attendait une excuse pour rattraper Reiji. Elle retira deux parapluies de leur support et se hâta vers la sortie.

Ding-dong.

Le silence se fit. On n'entendait que le bruit de la pluie et le tic-tac de l'horloge. Nagare et Saki fixaient le cadran et échangeaient des regards. Il était 18 h 45.

— Je suis sûre qu'aujourd'hui, vous allez enfin la revoir, murmura Saki en regardant Reiko.

À cet instant, un second éclair illumina la salle.

Dzzt

Toutes les lumières s'éteignirent.

— Mince…

C'était une coupure d'électricité. Avec un léger décalage, le tonnerre gronda très fort. L'électricité revenait généralement au bout de quelques minutes ou de quelques heures, tout dépendait de l'endroit où frappait la foudre.

— La foudre est tombée.

— Il fait vraiment noir.

Nagare et Saki ne manifestaient aucune inquiétude, on aurait dit qu'ils s'attendaient à cette coupure de courant. Comme la salle avait été brusquement plongée dans l'obscurité, les yeux de ses occupants n'avaient pas eu le temps de s'y habituer. Ils ne se distinguaient pas les uns les autres, mais les frottements de tissu et le crissement des chaussures leur donnaient des indications.

Soudain, ils perçurent une présence de plus. Pour être plus exact, ils la sentirent *arriver*. Nanako n'était pas rentrée. La présence émanait de la place que le vieux gentleman en noir occupait encore quelques instants auparavant, mais elle ne pouvait provenir de lui. Lorsqu'il se levait pour aller aux toilettes, ses vêtements ne se froissaient pas et, lorsqu'il se déplaçait, ses pas étaient absolument silencieux. Quoi de plus normal pour un fantôme ? Pourtant, à ce moment-là, une présence humaine émanait bel et bien de sa place habituelle. Ce qui signifiait que quelqu'un venait de débarquer du passé ou du futur.

— Reiko…

— Hein ?

Paniquée, Reiko se tourna en direction de la voix. C'est alors que la lumière revint.

— Elle est arrivée, dit Nagare à voix basse.

— Reiko !

Le regard de Reiko était fixé sur la silhouette dont venait la voix.

— Yukika ? C'est toi ? demanda-t-elle d'une voix tremblante en se levant lentement.

C'était effectivement Yukika qui venait d'apparaître à la fameuse place. Contrairement à sa sœur, qui était blanche comme un linge, elle rayonnait. Elle se tenait bien droite et son regard était plein de vie.

— Qui veux-tu que ce soit ? répondit Yukika d'une voix enjouée.

Elle était aussi candide et insouciante que dans les rêveries de Reiko.

— Excuse-moi pour le retard, tu m'attends depuis longtemps ?

Yukika tira la langue et la serra entre ses dents. Elle parlait sur le même ton que ce jour-là, comme pour continuer la conversation :

— Ça va ?

— C'est vraiment toi ?

— Évidemment ! Pourquoi tu me regardes comme un lapin pris dans les phares d'une voiture ? dit Yukika en observant sa sœur, la tête penchée.

C'est un rêve ?

Reiko était si confuse qu'elle en avait perdu la parole.

— Tu m'écoutes ? demanda Yukika, inquiète.

— Ou… oui, répondit Reiko avec un sourire.

Son sourire n'était peut-être pas très naturel, mais Yukika fit comme si elle n'avait pas remarqué le trouble de sa sœur.

— Waouh ! C'est super joli dehors ! Les feuilles sont vraiment très rouges ! s'exclama-t-elle en regardant les illuminations par la fenêtre.

De son vivant, Yukika avait toujours eu la faculté de s'émerveiller pour un rien.

— C'est beau, hein ?

— Ou… oui, parvint à articuler Reiko avec peine.

Elle ne comprenait pas pourquoi sa sœur était apparue tout à coup.

— Tu n'es pas sincère, dit Yukika en faisant la moue.

— Mais si !

Malgré son trouble, Reiko garda son calme et s'approcha de sa sœur. Si elle avait tendu la main, elle aurait pu la toucher.

— Reiko…

— Quoi ?

— Tu n'as pas bonne mine, ça va ?

— Tu… tu trouves ?

— Oui.

— C'est le manque de lumière.

— Si tu le dis !

Rien n'avait changé. Sa petite sœur n'avait pas changé depuis ce jour-là. Elle était toujours aussi légère, gracieuse et affectueuse, aussi douce, prévenante et éternellement souriante. À force de la regarder, Reiko comprit enfin qu'elle venait du passé, même si la raison de cette visite lui échappait. L'expression de Yukika ne laissait rien transparaître de ses intentions. Elle prit la tasse et y trempa les lèvres.

— Pouah, c'est amer ! dit-elle en grimaçant.

Elle tira à nouveau la langue. Quelle qu'en soit la raison, la défunte sœur de Reiko se tenait bien devant elle. Même sa façon de grimacer l'attendrissait. Elle qui pensait ne plus jamais la revoir...

— Excusez-moi ! dit Yukika en levant la main.

— Oui ? répondit Nagare.

— Est-ce que vous avez du lait ?

— Bien sûr, désolé. Je vous en apporte tout de suite.

Nagare disparut dans la cuisine.

Yukika est censée être morte, se dit Reiko. Cette pensée la sortit instantanément de l'état de demi-sommeil dans lequel les insomnies et la fatigue la plongeaient. *Elle est morte, mais...*

Reiko refusait d'y croire. Elle ne voulait pas l'accepter. En proie au désespoir, certaines personnes sombrent dans l'alcool. Reiko, elle, avait choisi d'échapper à la réalité en cessant de dormir. Elle se faisait du mal pour détourner son attention de son deuil. Seulement, Yukika se tenait devant elle, et ce n'était ni un rêve ni un mirage. Ça, au moins, elle en était certaine. Elle l'aurait reconnue entre mille. Sa conscience émoussée par la tristesse refaisait peu à peu surface.

Et si...

Une hypothèse commença à émerger dans son esprit. Yukika était égale à elle-même, elle ignorait peut-être qu'elle allait mourir. C'était même très probable. Personne ne peut prévoir l'avenir. Elle ne savait sans doute pas qu'elle était malade et qu'elle finirait par être hospitalisée.

— Tenez, dit Nagare en apportant un petit pot de lait.

— Waouh...

Yukika dévisagea Nagare, les yeux ronds. Comme elle était décédée avant son arrivée à Hakodate, elle ne l'avait jamais rencontré. Avec ses deux mètres, il était impressionnant.

— M… merci beaucoup !

Elle s'inclina, les yeux brillants de curiosité. Elle n'avait jamais vu un homme aussi grand. Devant la spontanéité avec laquelle sa sœur avait réagi, Reiko eut la certitude qu'elle ignorait qu'elle n'allait pas tarder à mourir, dans le cas contraire, elle n'aurait pas été aussi enjouée. Qu'est-ce qui l'avait motivée pour se rendre dans le futur ? Le mystère restait entier, mais Reiko savait au moins une chose : elle devait faire en sorte que Yukika ne devine pas ce qui était sur le point de lui arriver. Un déclic se produisit dans sa tête.

Moi aussi, je dois me comporter normalement, pensa-t-elle. Son regard se réveilla.

— Yukika…

— Quoi ?

Yukika était en train de mettre du lait et du sucre dans son café.

— Et ton copain ?

Si cette conversation était la suite de celle de ce jour-là, c'était le plus naturel.

— Hein ? Euuuh…, commença Yukika en traînant sur la dernière syllabe, les yeux ronds.

Elle faisait toujours ça quand elle voulait noyer le poisson.

— Ne me dis pas que vous vous êtes séparés ?

— Ça se voit tant que ça ?

— Évidemment !

Elle n'est quand même pas venue du passé pour m'annoncer ça ?

— Décidément, je ne peux rien te cacher, dit Yukika en haussant les épaules.

— J'avais tellement hâte de le rencontrer ! Qu'est-ce qui s'est passé ?

Menteuse !

— Il n'en valait pas la peine.

— On ne quitte pas les gens pour un oui ou pour un non, enfin !

— Ce n'est pas si simple.

Reiko ne savait pas encore pour quelle raison sa sœur était là, mais le simple fait d'échanger des banalités avec elle la rendait incroyablement heureuse. Soudain, elle se rendit compte que Yukika éprouvait sans doute la même chose.

Elle serait sans doute triste d'apprendre que j'ai quitté Mamoru, se dit-elle. *Elle souhaite autant mon bonheur que moi le sien. Elle était si heureuse que j'aie accepté sa demande en mariage…*

— Vraiment ? insista-t-elle.

Elles avaient eu tant de conversations depuis qu'elles étaient petites, mais tout cela appartenait au passé.

Je suis désolée. Mamoru et moi…

Elle ferma lentement les yeux pour ne pas pleurer. Elle savait que Yukika devait absolument repartir avant que son café ne refroidisse.

C'est moi l'aînée, je ne dois pas l'inquiéter. Quitte à enjoliver la réalité…

Elle serra très fort les poings, puis elle inspira profondément, mais assez discrètement pour que Yukika ne le remarque pas, expira lentement et dit en s'efforçant d'éviter que sa voix ne tremble :

— Contrairement à ton copain et toi, Mamoru et moi on s'entend à merveille !

Ouf, je crois que j'ai fait illusion.

— C'est vrai ?!

Elle m'a crue.

— Évidemment ! La cérémonie aura lieu le mois prochain, et d'ailleurs…

Elle ne doit pas se douter de quoi que ce soit.

— … d'ailleurs, tu es censée être des nôtres, non ?

Je ne dois surtout pas pleurer, pensa-t-elle, mais sa vue se brouilla.

Pourquoi ? Pourquoi est-elle morte ?

— Si tu ne viens pas, je ne te le pardonnerai jamais ! conclut-elle avant de se tourner vers sa sœur en souriant de son mieux.

— Je sais…

Plic.

Elle vit une larme couler sur la joue de Yukika, qui la regardait droit dans les yeux.

À cet instant, la salle fut à nouveau plongée dans l'obscurité.

— Ça recommence, murmura Nagare.

Quand la foudre tombe sur un poteau télégraphique, par exemple, il arrive que les techniciens coupent le courant à plusieurs reprises dans la zone pour identifier le poteau touché.

— Qu'est-ce qui t'arrive ?

Pourquoi elle pleure ?

— Tu ne sais vraiment pas mentir, fit la voix boudeuse de Yukika dans l'obscurité. J'étais sûre que ça finirait comme ça.

— Comme quoi ?

— Tu as quitté Mamoru, pas vrai ?

— Pas du tout, qu'est-ce que tu racontes ?

— Menteuse !

— C'est la pure vérité !

— Alors pourquoi tu pleures ?

— Je ne pleure pas.

— Bien sûr que si !

— Qu'est-ce que tu racontes ? Tu ne peux pas me voir dans le noir.

— Si ! Je n'ai pas besoin de voir ton visage pour savoir ce que tu as sur le cœur...

— Yukika...

— Excuse-moi, c'est ma faute... Si je n'étais pas morte...

Qu'est-ce qu'elle raconte ?

— Quoi ?

Reiko avait beau appeler sa sœur, dans le noir elle ne la voyait pas.

— Pff...

Dans le silence, on n'entendait que le tic-tac de l'horloge et les sanglots de Yukika.

— Je m'étais promis de ne surtout, surtout pas pleurer... C'est raté !

— Yukika...

— Il paraît que je suis malade, qu'il ne me reste qu'un mois à vivre... On ne dirait pas, hein ? Et pourtant, c'est la vérité...

Reiko était perdue. Elle ne savait plus ce qu'elle ressentait, mais une chose était claire : Yukika savait qu'elle allait mourir.

— Pourquoi il a fallu que ça tombe sur toi ?

— C'est exactement ce que je me suis demandé !

— Écoute…

— C'est bizarre, mais je n'ai pas tellement peur de mourir…

Elle ment forcément, sinon, pourquoi elle pleurerait autant ? pensa Reiko. Elle garda le silence, mais les larmes qui inondaient ses joues parlaient d'elles-mêmes.

— Ce dont j'ai peur, reprit Yukika en reniflant un grand coup, c'est qu'après ma mort tu te laisses dépérir.

— Il paraît que même si je me fais opérer, il est peu probable que je survive.

Le médecin lui avait expliqué au début de l'été en quoi consistait sa maladie. C'était un soir chaud et humide comme il y en a peu à Hakodate.

— Bien sûr, on n'est jamais à l'abri d'un miracle. C'est une maladie rare, mais nous ferons notre maximum.

— Je comprends.

— Avez-vous expliqué la situation à votre famille ?

— Ne leur dites rien.

— Mais…

— Je préfère ne pas aborder le sujet pour l'instant. Je leur annoncerai moi-même le moment venu.

— Entendu.

Le médecin avait raconté à Reiko qu'en raison d'une ombre sur un poumon, sa sœur serait hospitalisée pour des examens quand un lit se libérerait. En souriant, Yukika lui avait dit de ne pas s'inquiéter, mais la nouvelle avait plus affecté Reiko qu'elle ne s'y attendait. Elle demandait constamment à sa sœur comment elle se sentait et au moindre signe de fatigue, elle s'inquiétait tellement que c'était elle qui avait l'air malade. C'était Saki qui s'était rendu compte que sa réaction était anormale. Elle avait parlé de trouble anxieux généralisé et Yukika, qui n'avait jamais entendu l'expression, avait froncé les sourcils. Saki était une habituée du *Dona Dona* : elle y prenait son petit déjeuner tous les matins et y buvait un café après le travail. Elle connaissait Yukika depuis longtemps et savait que Reiko était sa sœur. Après avoir remarqué le comportement de cette dernière, elle avait confié ses craintes à Yukika.

— Elle a toujours été un peu anxieuse, mais tu penses que cette fois, ça va au-delà ?

— Ce n'est pas facile de faire la différence. Dans un cas ça nécessite un traitement, et pas dans l'autre, avait répondu Saki.

— Comment ça ?

— Ça arrive à tout le monde d'avoir peur d'avoir oublié de fermer sa porte à clé, n'est-ce pas ?

— Oui.

— En revanche, les personnes atteintes de ce trouble sont constamment en alerte. Ça devient problématique quand elles en souffrent ou quand ça commence à affecter leur sommeil et leur appétit.

Le pouls de Yukika s'accéléra.

— Les causes et les éléments déclencheurs varient, mais dans le cas de Reiko, il est probable que le décès accidentel de vos parents en soit à l'origine.

— Comment ça ?

— Je pense qu'elle a en permanence vaguement peur que les gens qui l'entourent meurent, pour une raison ou pour une autre. Et comme elle a un grand sens des responsabilités, elle a l'impression qu'il est de son devoir de t'élever à la place de vos parents.

Les arguments de Saki touchaient juste.

— Si ta sœur se rend malade à force de se demander ce qu'elle ferait s'il t'arrivait quelque chose ou ce qu'elle pourrait faire pour toi alors que tu vas juste subir quelques examens, c'est qu'elle a besoin d'aide.

Yukika n'avait pas encore parlé de sa maladie à Saki, mais cette dernière avait si bien décrit le comportement de sa sœur qu'elle ne pouvait pas la lui cacher plus longtemps. Elle lui avait tout raconté. Si l'opération échouait, il ne lui resterait même plus un mois à vivre.

— Et Reiko ?

— Je ne peux pas lui dire.

— Je comprends ce que tu ressens, mais…

— Si je lui annonce que je risque de mourir, elle va…

Le cœur de Yukika se serrait à la pensée de ce que sa sœur éprouverait. Personne n'a envie de voir ses proches souffrir par sa faute. Le simple fait de prononcer la phrase « Il est possible que je ne survive pas » suffirait à lui déchirer le cœur.

— La mort me terrifie, je ne peux pas dire le contraire. Mais j'ai encore plus peur que mon décès lui enlève toute envie de vivre…

— Yukika…

— Elle a enfin décidé d'épouser Mamoru, je ne veux pas briser son bonheur…

— Alors souris…

La voix de Yukika, qui résonnait dans l'obscurité, n'avait rien de pathétique. C'était celle d'une femme qui veut que sa sœur soit heureuse et qui s'efforce de faire bonne figure jusqu'au bout. Reiko ne pouvait pas ignorer cette voix, ces sentiments.

— C'est pour ça que tu es venue du passé ?

— Évidemment ! Pour quoi d'autre aurais-je fait le déplacement ?

— Yukika…

— Je ne veux pas que tu perdes ta joie de vivre, même si je meurs ! Je serai toujours à tes côtés.

Elle faisait sans doute son possible pour se retenir, mais on l'entendait renifler un peu.

— Moi aussi, je vais passer mes quinze derniers jours à rire !

— Écoute…

— D'accord ?

— Yukika…
— Tu me le promets ?
— Je…
— Réponds-moi.
— Bon…
— Bon quoi ?
— D'accord.
— Parfait !

La salle était plongée dans l'obscurité, mais en entendant la voix de Yukika, Reiko revit nettement le visage radieux de sa petite sœur, étourdie, gracieuse, affectueuse, douce, toujours souriante et attentive aux autres.

— Ma chérie…

Reiko se rendit compte alors de son erreur. Si les rôles avaient été inversés…

Je n'aurais pas eu peur de mourir et je n'aurais surtout pas voulu la voir triste. Elle va mourir, c'est inéluctable. Mais je peux choisir de vivre ma vie de façon à ne pas alourdir son fardeau.

Ses yeux s'emplirent de larmes. Yukika et elle se ressemblaient tellement.

Et si j'avais été à sa place ?

Si j'étais morte la première, qui aurait le plus souffert de la voir malheureuse ?

Moi-même, sans aucun doute.

Je n'aurais pas dû rompre avec Mamoru alors qu'elle était contente pour nous. Je n'ai pas le droit de sombrer.

Reiko ferma les yeux comme pour mieux s'imprégner des sentiments de sa sœur. Cela n'empêchait pas les larmes de couler. Elle ne voulait pas que Yukika la voie dans cet état. Elle essuya ses joues de son mieux, au cas où la lumière reviendrait et qu'elle doive faire bonne figure.

À ce moment-là, elle entendit le bruit sec d'une tasse qu'on repose sur sa soucoupe, en provenance de l'endroit où Yukika devait être assise. Elle comprit tout de suite ce que ça signifiait. Yukika avait vidé sa tasse.

Déjà ?!

— Yukika !

Ma petite sœur.

— Reiko…

Ma petite sœur, si innocente, si gracieuse, si gentille…

— Yukika…

— Je t'adore, tu sais ?

Elle s'inquiète sans arrêt pour moi…

— Tu dois me promettre…

Elle est toujours si gaie…

— … d'être heureuse !

Ne t'en va pas !

— Tu me le promets ?

— Évidemment ! répondit Reiko en souriant de son mieux malgré les larmes qui continuaient à inonder son visage.

— Tant mieux, murmura Yukika, qui avait perçu ce sourire malgré l'obscurité.

Dans la salle, le silence se fit. On n'entendait plus que la pluie tomber à l'extérieur et le tic-tac de l'horloge.

— Yukika ! appela Reiko, en vain.

Quelques instants plus tard, l'électricité revint dans un bourdonnement, mais Yukika avait disparu. Le vieux gentleman en noir était assis à sa place, comme s'il ne l'avait jamais quittée.

— Ma mère m'a envoyé ceci, murmura Nagare en tendant à Reiko une carte sur laquelle il était écrit, dans un style télégraphique :

Le 28 octobre prochain, à 18 h 47, Yukika Nunokawa apparaîtra. Fais en sorte que sa sœur soit présente. Vois les détails avec le Dr Matsuoka.

Yukari, le 28 juillet.

C'était immédiatement après son départ pour les États-Unis. Le tampon de la poste indiquait WEST HARTFORD, CT., une ville cossue du comté de Hartford, dans le Connecticut. Reiko leva les yeux de la carte et interrogea Saki du regard.

— Pour être honnête, quand Yukika m'a annoncé son intention de se rendre dans le futur, ça m'a surprise.

— J'ai confiance en ton jugement, Saki. Si, trois mois après ma mort, ma sœur est séparée de Mamoru, attire-la ici, avait dit Yukika en s'inclinant profondément.

L'heure de la fermeture était passée. Saki avait été prise de court, mais devant l'air déterminé de la jeune fille, elle n'avait pas eu le cœur de refuser. À leurs côtés, Yukari ne disait rien, mais d'après l'expression de son visage les arguments de Yukika avaient fait mouche et elle soutenait son choix, malgré les risques.

— Je veux bien t'apporter mon aide, mais es-tu sûre que tu parviendras à la revoir ?

En tant qu'habituée, Saki était bien consciente des règles. Même si Yukika se rendait dans le futur, rien ne garantissait que la rencontre aurait lieu. Qui pouvait prédire dans quel état psychique se trouverait Reiko ? Dans le pire des cas, elle pourrait être tentée de suivre sa sœur dans la mort. C'était une éventualité que Saki, de par sa profession, ne pouvait écarter.

— En tant que psychiatre, je pense qu'il serait préférable que tu lui parles ouvertement de ta maladie pour qu'elle puisse se faire à l'idée…

Pour le commun des mortels, qui ignore l'existence du *Dona Dona,* voyager dans le temps n'est tout simplement pas une option. En outre, si Yukika était honnête avec sa sœur, le choc serait sans doute moins violent. Saki savait que la plupart des gens parvenaient à surmonter la mort d'un être cher. Pour elle, il valait mieux bousculer le quotidien de Reiko dès à présent que de parier sur le futur. Yukika s'attendait sans doute à cette réaction, car elle était restée impassible.

— Je sais que c'est égoïste de ma part, murmura-t-elle. Je devrais sans doute suivre tes conseils, mais je n'ai pas envie de la voir se ronger les sangs à l'idée que je vais peut-être mourir. Je préfère qu'elle me voie souriante le plus longtemps possible. J'espère qu'elle me pardonnera. Je ne veux pas qu'elle apprenne que je suis malade et je veux encore moins avoir à le lui annoncer. Cela dit, je sais que ma mort va l'affecter. Alors, si elle se sépare de son fiancé, j'aimerais que tu fasses en sorte qu'elle soit ici quand j'arriverai dans le futur. Je me débrouillerai pour arranger les choses, je te le promets !

Saki était sans voix.

— Et si tu la laissais y aller ? intervint Yukari. Elle connaît Reiko, elle sait parfaitement comment elle réagira à sa disparition. C'est normal, entre sœurs. J'imagine qu'elle a aussi une idée de ce qu'elle pourrait faire pour arranger les choses, pas vrai ?

— Si, renifla Yukika.

— C'est d'accord, mais je décline toute responsabilité, concéda Saki, résignée.

Yukika savait que si elle se rendait dans le futur et que son plan échouait, Saki ferait tout ce qui était en son pouvoir pour aider Reiko.

— Merci beaucoup ! dit-elle en s'inclinant légèrement.

— Alors, c'est parti ? demanda Yukari en préparant la cafetière.

— Oui !

— Reviens avant que le café ne refroidisse.

— Je n'ai pas pu refuser, murmura Saki d'un air désolé. Même si je savais que vous en souffririez.

Une larme coula sur sa joue tandis qu'elle regardait Reiko droit dans les yeux. Elle avait collaboré à contrecœur. Si elle n'avait pas été psychiatre, elle se serait sans doute posé moins de questions, mais elle était assaillie de remords à l'idée d'avoir dû trancher entre respecter la volonté de Yukika et préserver la santé de Reiko. À présent, elle s'en voulait d'avoir privilégié la première au détriment de la seconde. Elle s'attendait à ce que Reiko lui en veuille.

— Vous avez fait le bon choix, dit cette dernière avec douceur. Grâce à vous, j'ai vu ma sœur sourire une dernière fois.

Une grosse larme roula sur sa joue, mais ses yeux étaient brillants. Le regard vide de ces derniers mois avait disparu. Il était maintenant plein d'espoir et fermement tourné vers l'avenir. La pluie avait cessé. Dehors, les étoiles commençaient à pointer le bout de leur nez. Reiko s'inclina respectueusement devant Saki et Nagare puis sortit du café.

Ding-dong.

La clochette avait tinté doucement.

— Tu crois que ça va aller ? demanda Nagare en regardant Reiko s'éloigner.

— Je pense qu'elle va avoir besoin d'un peu de temps pour se remettre, répondit Saki. Cette rencontre ne change rien au fait que sa sœur est morte et sa tristesse ne va pas s'envoler d'un coup.

— C'est vrai, soupira Nagare.

Saki avait confirmé ses craintes, mais ce n'était pas par pessimisme.

— En revanche, la promesse qu'elle lui a faite va éclairer un peu son chemin, alors que jusqu'à hier elle était plongée dans l'obscurité. Sa sœur ne ressuscitera pas, mais elle pourrait bien avoir changé sa vie.

Yukika avait voulu guider sa sœur vers le bonheur, et ça la rendait heureuse en retour.

— Tu as sans doute raison, dit Nagare en pensant à sa femme, Kei.

Kei était de constitution fragile. Quand elle était tombée enceinte de Miki, les médecins lui avaient expliqué que si elle gardait l'enfant, elle mourrait prématurément. Nagare n'avait rien dit, mais il avait espéré qu'elle avorterait. Kei avait hésité, évidemment. Elle voulait donner la vie et elle n'avait pas peur de mourir. En revanche, elle culpabilisait à l'idée de ne rien pouvoir faire pour son enfant. Elle ne serait pas à ses côtés quand il se sentirait seul ou triste. Il ne pourrait pas lui confier ses soucis, elle ne serait pas en mesure de l'aider. Elle voulait qu'il soit heureux. Mais plus elle pensait à son bonheur, moins elle était sûre d'elle. Plus elle avait peur. Son corps avait atteint ses limites. Si elle tirait trop sur la corde, l'enfant risquait de mourir, lui aussi.

En définitive, elle n'avait pas pu se résoudre à interrompre sa grossesse. Le jour où elle avait pris la décision de se faire hospitaliser pour donner coûte que coûte la vie à cet enfant, la place qui permet de voyager dans le temps s'était libérée sous ses yeux, comme un fait exprès. Depuis l'ouverture du café, elle avait toujours été désignée comme « la chaise qui permet de remonter le temps », mais en réalité, elle permettait aussi d'en descendre le cours. Pourtant, aucun client ne choisissait de le faire, car comment s'assurer que la personne qu'on souhaite revoir sera sur place le moment venu, surtout si ce moment ne dure que le temps qu'un café refroidisse ? Même si on fixe un rendez-vous, un imprévu est vite arrivé et les chances de succès sont minces.

Yukika s'était rendue dans le futur quatre mois plus tard, c'était suffisamment peu pour ne pas rater sa sœur, du moins avec l'aide d'un tiers. Kei, en revanche, avait décidé de faire un bond de dix ans dans le temps pour rencontrer Miki, mais elle s'était trompée de cinq ans. Bref, tout pouvait arriver. Par chance, Nagare avait pu échanger avec Kei au téléphone pour lui expliquer son erreur et pour lui dire que l'adolescente qui se trouvait devant elle était sa fille. Miki avait remercié Kei de l'avoir mise au monde, ce qui l'avait réconfortée, elle qui s'en voulait de ne rien pouvoir faire pour son enfant. Cette rencontre l'avait libérée d'une angoisse qui l'aurait peut-être empêchée de mener sa grossesse à terme et lui avait donné de l'espoir.

L'être humain est capable de surmonter toutes les épreuves, mais ses peurs le paralysent parfois. Plus elles sont dévorantes, plus il s'affaiblit. Heureusement, l'espoir rend plus fort, il donne la force de croire en l'avenir. C'était cette force que les mots de Miki avaient insufflée à Kei. Après la naissance de sa fille, elle était extrêmement fragilisée, mais elle souriait sans cesse. Yukika, quant à elle, avait rendu à sa sœur l'envie de vivre en lui faisant comprendre qu'elle avait besoin de la savoir heureuse.

Saki régla sa consommation et sortit. À ce moment-là, Reiji et Nanako, qui lui avait apporté un parapluie, étaient sur le chemin du retour. Reiji avait l'intention d'aider Nagare à ranger et Nanako avait oublié son sac.

— C'est joli, murmura cette dernière en levant les yeux vers le ciel étoilé.

La pluie qui venait de cesser avait dégagé le ciel. Les nuits comme celle-là, la vue depuis le sommet du mont Hakodate est magnifique. De nombreux bruits courent d'ailleurs à leur sujet.

Tout d'abord, d'après la croyance populaire, les couples dont un des membres demanderait l'autre en mariage en contemplant les lumières de la ville depuis le mont Hakodate finiraient par se séparer. On entend des histoires de ce genre dans tout le Japon. Les couples qui monteraient ensemble dans une barque sur l'étang du célèbre parc Inokashira, à Tôkyô, ne feraient pas long feu, tout comme ceux qui traverseraient ensemble le pont Fukuurabashi à Matsushima, dans la préfecture de Miyagi. Dans la même veine, on conseille aux amoureux d'éviter le sanctuaire Tsurugaoka Hachimangū de Kamakura, dans la préfecture de Kanagawa, où ils s'exposeraient à la vengeance de dame Shizuka, séparée de son amant Yoshitsune par Minamoto no Yoritomo, mais aussi à la jalousie de la femme de ce dernier, Masako Hōjō. Loin de repousser les foules, ces superstitions sont un aimant à touristes. Il paraît aussi que des cœurs se cachent dans ce paysage nocturne de Hakodate. Certains disent que les personnes qui en aperçoivent trois seront heureuses ou que leurs vœux seront réalisés, mais personne ne sait d'où vient la légende.

Reiji et Nanako étant des enfants du pays, ils avaient sans doute entendu ces rumeurs, mais Reiji ne semblait s'intéresser ni au panorama ni au ciel étoilé. Il ne marchait pas aux côtés de Nanako, mais un peu devant elle. Comme le café se trouvait à mi-pente, s'ils s'étaient retournés, ils auraient pu admirer les lumières de la ville, même si la vue n'était pas aussi spectaculaire que depuis le sommet. Et s'ils avaient été amoureux l'un de l'autre, cette petite pause aurait été romantique à souhait. Malheureusement, la conversation tournait autour du livre des 100 questions : Reiji les avait-il vraiment toutes mémorisées ? C'était tout sauf romantique.

— La trente-cinquième ?

— Est-ce que vous rendriez un objet qu'on vous a prêté ?

— Et la cinquante et unième ?

— Si vous aviez gagné 10 millions de yens au loto, est-ce que vous encaisseriez l'argent ?

— La quatre-vingt-quinzième ?

— Est-ce que vous célébreriez votre mariage ?

— Tu as vraiment retenu toutes les questions ?

— On peut dire ça.

— C'est fou !

— Ce n'est pas pire que d'apprendre un sketch.

— Tu devrais peut-être être plus assidu en cours…

Sous-entendu : « Tu aurais sans doute de bonnes notes. » Nanako savait qu'au collège et au lycée, Reiji avait été bon élève. De son point de vue, il aurait dû attendre d'obtenir son diplôme avant de se consacrer à la comédie.

— Je ne vois pas l'intérêt.

— Pourquoi ?

— Dès que j'aurai réussi une audition, je monterai à la capitale. D'ici là, je préfère travailler et mettre un max d'argent de côté.

Nanako avait un peu ralenti.

Ils étaient presque arrivés au café. Elle s'arrêta. Le vent nocturne lui caressait la joue.

— Reiji…

— Quoi ?

Il se retourna. Les feuilles d'automne en feu rappelaient le nouveau rouge à lèvres de Nanako. Le cœur du jeune homme bondit à nouveau dans sa poitrine.

— Écoute, je…, commença Nanako.

À ce moment précis, une petite mélodie retentit. Reiji venait de recevoir un mail, mais il ne sortit pas son téléphone pour le lire. Il attendait fébrilement que Nanako termine sa phrase.

— Oui ?

— Regarde ton téléphone, je te dirai après.

Rien ne distinguait cet échange de ceux qu'ils avaient habituellement. Du moins, en dehors du trouble de Reiji. Il sortit son portable de sa poche et ouvrit sa boîte mail. Nanako admirait la ville en contrebas. Les lumières qui embrasaient le feuillage s'éteignirent une à une. Nanako se rendit compte que les grillons chantaient d'une façon plaintive, à peine audible.

Ils chantent toujours comme ça, les grillons ?

— Hein ?! s'exclama Reiji.

Le cœur de Nanako s'affola.

— Qu'est-ce qui se passe ?

Plusieurs mètres les séparaient, mais elle se contenta de l'observer à distance, sans se rapprocher.

— J'ai réussi…

— Réussi quoi ?

— La dernière audition que j'ai passée à Tôkyô, articula-t-il d'un air incrédule. C'est génial !

Reiji se précipita vers le *Dona Dona.* Nanako ne se souvenait pas bien de ce qui s'était passé ensuite. Elle avait à nouveau entendu le chant des grillons et elle avait oublié de féliciter son ami.

4

Le jeune homme qui n'avait pas osé déclarer ouvertement sa flamme

La première neige était arrivée le 13 novembre, une dizaine de jours plus tard que d'ordinaire. Les flocons tombaient en tourbillonnant alors que le ciel était dégagé. En japonais, on dit qu'ils ressemblent à des pétales de fleur portés par le vent.

Par la fenêtre du *Dona Dona*, le paysage était saisissant : le bleu du ciel et le rouge des feuilles d'automne tranchaient sur le blanc de la neige.

Ding-dong.

Reiko Nunokawa fit irruption dans la salle. À la mort de sa sœur, Reiko avait plongé dans une profonde confusion dont elle n'était pas encore sortie un mois plus tôt, mais son état s'était remarquablement amélioré depuis que sa cadette était venue du passé pour lui arracher une promesse : celle de vivre heureuse. Elle avait bonne mine et traînait derrière elle un sac de voyage à roulettes.

— Bienvenue, la salua Sachi.

Sachi avait sept ans, c'était la fille de Kazu Tokita, une employée de l'établissement. C'était elle qui servait le café qui permettait aux clients de voyager dans le temps. Elle aimait tellement lire que quand elle n'avait pas école, il lui arrivait de dévorer trois ouvrages dans la même journée. Elle lisait absolument tout ce qui lui tombait sous la main, y compris des titres que la plupart des adultes auraient jugés hermétiques. Pendant les vacances d'été, elle s'était beaucoup documentée sur la philosophie et les mystères de l'univers. Depuis, elle était passée aux polars étrangers et à l'économie, mais elle était avant tout accro au livre des 100 questions.

C'était Reiji, le serveur, qui lui avait fait découvrir ce best-seller vendu à plus de deux millions d'exemplaires. Au cours des mois précédents, Sachi avait posé méthodiquement les questions aux habitués du café. Les échanges qui en découlaient l'amusaient beaucoup. Ce jour-là, elle était seule au comptoir.

Reiko balaya la salle du regard puis inclina la tête, intriguée. Après l'heure du déjeuner, il n'était pas rare que la salle soit vide. Cette fois, non seulement elle ne voyait aucun client, mais il n'y avait personne derrière le comptoir.

— Tu es toute seule, Sacchan ? demanda Reiko en s'approchant de la petite fille.

— Oui.

— Où est ta maman ?

— Elle est allée faire des courses.

— Et Nagare ?

— En bas, au téléphone.

— Et Reiji ?

— À Tôkyô.

— Ah bon ?

— Oui, il a réussi une audition.

Reiko savait que le jeune homme voulait devenir humoriste, car sa défunte sœur lui en parlait souvent. Il avait joué plusieurs sketchs devant elle, qu'elle n'avait pas trouvés drôles. D'après Yukika, c'était justement ce qui faisait tout le sel de sa performance, mais ça lui échappait complètement. Elle s'était contentée d'attendre que ça passe en souriant par politesse. Par conséquent, elle ne savait pas trop comment accueillir la nouvelle.

— Ça alors !

Reiko s'assit à côté de Sachi sans poser davantage de questions. Si la fillette lui avait demandé si elle aimait les sketchs de Reiji, elle n'aurait pas su quoi répondre. De temps en temps, les enfants posent sans s'en rendre compte des questions embarrassantes. Reiji était absent et Reiko ne voulait pas courir le risque de formuler une réponse floue, au cas où Sachi l'interpréterait mal et la répéterait à l'intéressé. Autant éviter le sujet.

— Tu en es où ?

— J'ai tout lu.

— Jusqu'au bout ? Bravo !

— Merci.

Reiko ne se souvenait pas de tout ce qui s'était passé entre le décès de sa sœur et le moment où elle l'avait revue, sans doute à cause de ses insomnies. De cette période, elle ne gardait qu'une vague impression de malaise. Pourtant, elle se souvenait que Sachi avait plaisir à feuilleter ce livre en compagnie de Saki et de Nanako.

— C'était bien ?

— Super !

— J'aurais aimé participer, moi aussi.

Reiko était sincère, même si, à l'époque, elle allait trop mal pour s'y intéresser.

— Tu veux essayer ? demanda Sachi avec candeur.

Elle ne pouvait pas savoir que Reiko souffrait jusqu'à récemment d'un trouble anxieux généralisé provoqué par le décès de sa sœur. Pour elle, Reiko était une habituée comme une autre.

— Juste une question, alors, répondit Reiko en regardant l'horloge.

C'était bientôt l'heure de son vol, mais elle avait le temps pour un petit souvenir de plus.

— Quelle question vous voulez ?

— C'est toi qui choisis.

— D'accord !

Sachi feuilleta joyeusement l'ouvrage et s'arrêta sur une page.

— Celle-ci !

— D'accord.

— Tu es prête ?

— Oui, je t'écoute.

— « Vous avez rencontré l'homme ou la femme de votre vie. Si le monde devait s'effondrer demain, que feriez-vous ? ① Je demanderais sa main sur-le-champ. ② Je ne ferais rien, car ça n'aurait aucun sens. »

Sachi avait déjà posé cette question à Nanako et à Saki, mais pas à Reiko.

— Alors ? demanda Sachi, les yeux brillants.

Reiko ne parvint pas à cacher son trouble. Si Yukika n'était pas venue la voir, elle aurait répondu ② sans hésiter. Mais elle avait changé.

— Je dirais sans doute ①.

Reiko savait précisément pourquoi elle aurait fait ce choix.

— Pourquoi ?

— Parce que si j'étais malheureuse ne serait-ce qu'une journée, ma sœur ne me le pardonnerait pas, répondit Reiko en riant au bout d'un moment.

Yukika aurait acquiescé d'un air supérieur, les bras croisés. Reiko le savait, car sa sœur était encore vivante dans son cœur.

— Je vois, fit Sachi d'un air satisfait.

On entendit des pas dans l'escalier et Nagare fit son apparition.

— Bonjour, Reiko !

— Bonjour !

— Quel bon vent vous amène ?

Nagare se faufila derrière Reiko et Sachi pour se glisser derrière le comptoir.

— Je pensais trouver le docteur ici…

— Vous voulez parler de Saki ?

— Oui.

— C'est étrange que vous ne l'ayez pas croisée, elle était encore ici il y a quelques minutes. Tu sais où elle est, Sachi ?

— Non, répondit l'enfant en se cachant derrière le livre ouvert.

— C'est étrange…

C'était d'autant plus étrange qu'une tasse de café à moitié pleine trônait bien en évidence sur le comptoir à côté du jus d'orange de Sachi. Saki venait de s'éclipser, il n'y avait aucun doute.

— Sachi…, commença Nagare en fixant du regard l'enfant qui se faisait toute petite.

— Ne l'embêtez pas avec ça, l'interrompit Reiko.

— Mais enfin…

— Ce n'est pas grave.

Reiko sourit. Elle avait sans doute remarqué la tasse, elle aussi, mais elle n'avait pas besoin de voir Saki au point de presser Sachi de questions. Elle ignora le soupir de Nagare et pivota sur son tabouret pour observer le vieux gentleman. Elle se souvenait parfaitement du jour où elle avait revu Yukika.

— J'ai encore du mal à croire qu'elle est venue me voir, dit-elle comme pour elle-même.

C'était compréhensible. Elle avait beau être au courant des règles, elle ne s'attendait pas à une visite de sa défunte sœur. Nagare lui-même serait sans doute étonné si Kei, son épouse, faisait son apparition.

— Ça m'aura au moins permis de prendre la décision de quitter cette ville, poursuivit-elle en baissant le regard vers sa valise.

Après avoir revu Yukika, elle avait renoué avec Mamoru. Enfin, renoué est un bien grand mot, car elle avait été la seule à penser que leur histoire était terminée. Mamoru s'était contenté de prendre momentanément ses distances, sur les conseils de Saki.

— Félicitations ! dit Nagare.

Saki lui avait confié que les deux amoureux s'étaient mariés immédiatement après leurs retrouvailles.

Ding-dong.

Kazu était de retour. Elle portait deux sacs de courses, ce qui signifiait que Sachi avait dit la vérité. L'enfant se précipita vers sa mère.

— Tu veux bien descendre celui-ci ? lui demanda Kazu.

— D'accord !

Sachi attrapa le sac et dévala l'escalier. *Elle a saisi l'occasion de filer,* pensa Nagare en soupirant. Kazu avait remarqué la valise de Reiko. Elle savait qu'elle avait prévu de quitter Hakodate pour rejoindre son mari.

— C'est aujourd'hui, le grand départ ?

— Oui !

— Où déménagez-vous ?

— À Tokushima.

— C'est une région célèbre pour ses nouilles de blé, non ? dit Nagare en attrapant le sac que Kazu lui tendait par-dessus le comptoir.

— En effet.

— C'est un bel endroit.

— C'est de là que vient mon mari.

Elle avait employé le terme « mari » sans hésiter. *Ça fait plaisir à entendre,* pensa Nagare, qui se remémora avec émotion l'état dans lequel se trouvait Reiko avant de revoir sa sœur.

— Vous êtes en route pour l'aéroport ? demanda Kazu en regardant l'horloge.

— Oui.

— Vous allez nous manquer.

Il n'y avait que quelques mois que Reiko côtoyait régulièrement l'équipe, mais Kazu était sincère. Elle n'avait pas toujours été aussi démonstrative. Quinze ans plus tôt, elle faisait même tout pour éviter les gens, mais, depuis, elle était devenue mère et elle avait changé sur bien des aspects. *Ça aussi, ça fait plaisir à entendre,* pensa à nouveau Nagare. *Il suffit parfois de pas grand-chose pour que quelqu'un reprenne du poil de la bête.*

Reiko se leva.

— Merci pour tout, dit-elle en s'inclinant.

— Merci à vous, répondit Kazu.

— Voulez-vous que je transmette un message au Dr Matsuoka ? proposa gentiment Nagare.

— Oui, s'il vous plaît, répondit Reiko au bout d'un moment.

— Je vous écoute, dit Nagare, l'air solennel.

— Moi aussi, je serai heureuse, reprit Reiko en regardant non pas Nagare, mais la porte de la cuisine, derrière lui.

— Vous aussi ?

L'espace d'un instant, il n'avait pas compris ce qu'elle voulait dire.

— Le docteur m'a laissé entendre que mon bonheur faisait celui de ma sœur, précisa Reiko.

— Je vois, murmura Nagare en souriant.

Kazu souriait également.

— Je vais y aller, dit Reiko.

Puis elle s'inclina à nouveau et sortit à regret du café.

Ding-dong… dong…

La clochette de la porte d'entrée résonna tristement.

— Tu es sûre que tu ne veux pas lui dire au revoir ? lança Nagare en direction de la cuisine, où il avait compris que la psychiatre s'était réfugiée pour éviter Reiko.

— Je déteste les adieux, répondit Saki en apparaissant dans l'encadrement de la porte.

— Quand même…

— Je pourrai la revoir quand je veux, non ?

Saki reprit place au comptoir et tendit la main vers sa tasse de café. Le départ de Reiko l'affectait sans doute plus que quiconque, mais c'était la décision de sa patiente. Elle aurait aimé lui souhaiter bon voyage avec le sourire, mais comme elle ne s'en sentait pas capable, elle avait préféré l'éviter.

— Au fait, Miki va bien ? demanda-t-elle pour changer de sujet.

Elle avait également horreur de la lenteur avec laquelle s'écoulait le temps après les adieux.

— Euh…, fit Nagare en écarquillant ses petits yeux.

— Tu lui as parlé au téléphone, non ?

Kazu revint de la cuisine. Elle avait rangé les courses au frais.

— Oui, répondit Nagare.

La sueur perlait à son front.

— Qu'est-ce qui se passe ? intervint Kazu, inquiète.

— Je ne sais pas comment dire ça… En fait… elle a…, bafouilla-t-il dans un filet de voix.

— Elle a quoi ? insista Saki.

— Un copain.

— Un copain ?

— Un amoureux, quoi.

Son sourcil droit tremblait comme celui d'un personnage de manga. Kazu et Saki échangèrent un regard. Saki éclata de rire.

— C'est plutôt une bonne nouvelle, non ?

— Pas du tout ! s'écria Nagare, ce qui fit redoubler le rire de Saki.

— Quel âge a-t-elle ?

— Qu… quatorze ans…

— C'est un garçon de son collège ?

— Elle ne me l'a pas dit.

— Lequel s'est déclaré le premier ?

— Qu'est-ce que j'en sais, moi ?

— Il est beau ?

— Pourquoi ? S'il l'était, ça lui donnerait tous les droits ?

— Arrête de tout prendre mal !

— Je ne prends pas tout mal.

— En tout cas, elle est dégourdie, ta fille. Elle s'est trouvé un copain dès que tu as eu le dos tourné ! renchérit Saki, qui s'amusait à provoquer Nagare.

Ce dernier était rouge comme une tomate.

— Je vais la rappeler ! déclara-t-il avant de s'engouffrer dans l'escalier.

Tout à l'heure, il avait joué les pères permissifs et n'avait rien osé lui demander. Mais après ce que Saki venait de dire, il était subitement inquiet.

— Il est mignon, par moments, sourit Saki.

Elle ne disait pas ça pour se moquer de lui. Au contraire, elle enviait la facilité avec laquelle il exprimait ses joies et ses inquiétudes devant sa famille et ses amis proches. Elle aurait aimé verser une petite larme en disant au revoir à Reiko, mais elle ne s'en était pas sentie capable.

— J'aimerais tellement lui ressembler, soupira-t-elle.

— Moi aussi, dit Kazu.

Dong.

L'horloge avait sonné 14 h 30.

— Reiji n'avait pas dit qu'il passerait aujourd'hui ?

Dès le lendemain du jour où il avait reçu un mail l'informant qu'il avait réussi l'audition, le jeune homme était parti pour Tôkyô signer son contrat avec l'agence artistique qui l'avait recruté et chercher un appartement. Il n'avait pas hésité une seconde. Il ne voyait rien d'autre que son rêve qui était sur le point de se réaliser.

— Si.

— Il est au courant, pour Nanako ?

— J'en doute fort.

Le lendemain du départ de Reiji, Nanako leur avait appris qu'elle souffrait depuis plusieurs années d'anémie aplasique acquise. Le hasard avait voulu qu'on lui trouve un donneur à ce moment-là et elle était partie en catastrophe pour les États-Unis.

— Moi aussi.

Saki ramassa le livre des 100 questions que Sachi avait abandonné sur le comptoir. Elle l'ouvrit à une page précise.

87e question : Vous avez un enfant de dix ans. Si le monde devait s'effondrer demain, que feriez-vous ?
① Je ne lui dirais pas, parce qu'il n'est pas en âge de comprendre.
② Je lui dirais la vérité, parce que si je la lui cachais, j'aurais mauvaise conscience.

Nanako avait répondu ① à cette question. Pour se justifier, elle avait dit qu'elle ne voudrait pas inquiéter son enfant inutilement. Mais quand on lui avait demandé si elle-même, à dix ans, aurait aimé savoir la vérité, elle avait répondu par l'affirmative. À première vue, ça pouvait sembler contradictoire. Elle avait expliqué que ça ne la dérangeait pas de souffrir, mais qu'elle ne voulait pas voir son enfant triste.

Nanako pense toujours aux autres, se dit Saki en regardant la page. La psychiatre en elle ajouta : *Elle est du genre à les faire passer en premier et à refouler ses sentiments.*

— Nanako ne voulait pas interférer avec les projets de Reiji, mais je me demande ce qu'il en penserait, lui, dit Saki, certaine qu'il ne serait pas d'accord.

Tout comme Kazu, elle était persuadée que les sentiments des deux jeunes gens étaient réciproques et que seuls les principaux intéressés ne s'en rendaient pas compte.

— Elle nous a autorisées à lui parler de sa maladie, c'est déjà ça, ajouta-t-elle.

— C'est vrai, répondit Kazu en regardant par la fenêtre.

Dehors, les flocons de neige continuaient à tomber en tourbillonnant lentement.

Plus tard, ce soir-là…

— Quoi ? laissa échapper Reiji, qui se tenait près de l'entrée, ses sacs chargés de souvenirs encore à la main.

L'heure de la fermeture était passée, mais Nagare, Kazu, Sachi et Saki l'avaient attendu au *Dona Dona.* Il répéta ce que Saki venait de lui dire :

— Une anémie aplasique acquise ?

— Il y a une éternité qu'ils cherchent un donneur compatible, et ils ont enfin trouvé…

Reiji n'avait jamais entendu parler de cette maladie ni de cette histoire de donneur. Il était incapable de réfléchir. *Si elle était malade depuis si longtemps, pourquoi ne m'a-t-elle pas mis au courant ?*

Il accusait le coup.

— L'anémie aplasique acquise est une atteinte des cellules souches de la moelle osseuse qui entraîne une diminution de la quantité de cellules présentes dans le sang, expliqua posément Saki. Autrement dit, l'organisme ne parvient plus à fabriquer de sang, ce qui affecte la qualité de vie. Comme Nanako n'est que légèrement touchée, on ne s'en rend pas compte. À un stade avancé, la maladie entraîne des pertes de connaissance, une sensation de fatigue ou de faiblesse et, si on ne fait rien, des complications qui peuvent entraîner la mort.

— Ça se guérit ?

— Étant donné que ce n'est pas ma spécialité, je ne peux pas me prononcer, mais il semblerait que la moitié des patients qui bénéficient d'une transplantation se rétablissent, répondit Saki, qui s'était probablement bien documentée.

— C'est du 50-50…

— Oui. Mais même quand l'opération est un succès, il peut y avoir des complications et il arrive que le corps du patient rejette la greffe. Puisqu'il y a peu de cas au Japon, il est plus sûr de se rendre à l'étranger.

— C'est pour ça qu'elle est partie aux États-Unis ? demanda Reiji.

— Tout à fait.

Ses parents l'accompagnaient, mais ils avaient sans doute trop de choses à gérer, car depuis leur départ, Saki et Kazu étaient sans nouvelles. Par conséquent, elles ignoraient comment allait Nanako.

— Elle aurait dû me prévenir…

— Elle ne voulait sans doute pas t'inquiéter, dit Saki.

— Mais…

— Elle ne souhaitait probablement pas être un poids pour toi, d'autant plus que tu venais de réussir cette audition…

C'est vrai que j'étais sur un petit nuage, pensa Reiji.

Il avait beau fouiller dans sa mémoire, il ne se souvenait plus de quoi il avait parlé avec Nanako après avoir reçu ce mail. Il s'était contenté de lui envoyer un message pour lui dire qu'il partait chercher un appartement à Tôkyô, mais il était tellement focalisé sur son objectif qu'il ne s'était même pas demandé ce que Nanako ressentait quand elle lui avait lancé «Bonne chance!». La connaissant, elle avait sûrement mis ses propres sentiments de côté.

Reiji ne savait pas quoi dire, il se mordait la lèvre inférieure. Dans un coin de sa tête, le souvenir du jour où Nanako arborait son nouveau rouge à lèvres refit surface.

Elle était allée le chercher sous la pluie. Ils avaient marché ensemble jusqu'au *Dona Dona*. À la réflexion, c'était sans doute la première fois qu'il avait eu conscience d'être en tête à tête avec elle. Il voyait encore son rouge à lèvres briller parmi les lumières de la ville et les feuilles d'automne. Il se souvenait de la façon dont son cœur avait bondi dans sa poitrine.

Il sortit machinalement son téléphone de sa poche et constata que Nanako n'avait pas cherché à le joindre. Il en aurait presque voulu à l'écran. Soudain, il se rendit compte de la présence de Kazu à ses côtés.

— De la part de Nanako, dit-elle en lui tendant une lettre.

Reiji posa les sacs en papier sur une table voisine et prit la lettre. Sur le papier incrusté de pétales de fleurs de cerisier, il reconnut l'écriture déliée de son amie, qui courait comme un poème :

Cher Reiji,

Félicitations pour ton audition. Comme je n'ai pas réussi à te le dire, ça a dû te surprendre, mais je souffre d'anémie aplasique depuis trois ans. Pour simplifier, j'ai du mal à fabriquer du sang, ce qui me cause toutes sortes d'ennuis. Il paraît que si on ne se soigne pas, le corps perd sa capacité à se défendre contre les autres maladies.

Heureusement, on m'a trouvé un donneur aux États-Unis et je vais me faire opérer. Comme on se connaît depuis tout petits, j'avais l'intention de t'en parler, mais tu étais à un moment charnière de ta vie et je ne voulais pas te détourner de tes projets. Pardonne-moi de ne pas pouvoir être ta Setsuko. Enfin, je ne sais pas pourquoi je m'excuse, je n'y suis pour rien ! ^^ ;

J'appréhende l'opération, mais ne t'inquiète pas, je serai courageuse. Si tu as réussi cette audition avec tes sketchs tout pourris, c'est que les dieux ont décidé de te donner ta chance. Ne la laisse pas t'échapper !

Je te soutiendrai toujours,

Nanako

La main de Reiji tremblait.

— « Pardonne-moi de ne pas pouvoir être ta Setsuko », murmura-t-il.

Évidemment qu'elle n'est pas Setsuko.

Reiji se mordit la lèvre en se demandant ce que Nanako avait voulu dire par là.

Setsuko Yoshioka était l'amie d'enfance et la femme de Todoroki, du duo comique Porondoron. Le partenaire de Todoroki sur scène, Hayashida, avait expliqué à Nanako et aux autres à quel point elle avait soutenu son mari. En effet, Todoroki et Reiji avaient des points communs. Tous deux étaient originaires de Hakodate et étaient montés à la capitale pour devenir humoristes. Tous deux connaissaient bien Yukari Tokita, la patronne du *Dona Dona.* Todoroki et Setsuko étaient amis d'enfance, tout comme Reiji et Nanako. Mais pourquoi Nanako s'était-elle comparée à Setsuko ? Setsuko croyait dur comme fer au talent de Todoroki et avait fait de nombreux sacrifices pour l'aider à percer. C'était une femme dynamique, elle avait choisi de le suivre à Tôkyô. Elle était fière et décidée. Nanako admirait ses choix de vie. Elle, en revanche, ne se souciait pas du talent de Reiji. Elle s'était contentée d'observer ses efforts et de l'encourager amicalement. Elle ne pouvait rien faire pour l'aider et n'avait jamais envisagé de le suivre à la capitale. Sa personnalité était si fondamentalement différente de celle de Setsuko qu'il ne servait à rien de les comparer. De plus, Todoroki et Setsuko s'aimaient et le savaient, tandis que Reiji et Nanako pensaient qu'ils n'étaient que des amis d'enfance.

Cette phrase de Nanako, « Pardonne-moi de ne pas pouvoir être ta Setsuko », était une façon de se mettre en retrait. Elle aurait aimé être comme Setsuko. Si elle avait ignoré son histoire, elle aurait peut-être parlé de sa maladie et de son départ pour les États-Unis à Reiji avec sa candeur habituelle. Mais Hayashida avait brossé son portrait. Et elle l'avait admirée. Elle s'était comparée à elle. Et pour la première fois, elle avait pris conscience de ce qu'elle ressentait pour Reiji. C'était pour ça qu'elle avait changé de rouge à lèvres, ce jour-là. Parce qu'elle espérait franchir une nouvelle étape dans leur relation. Seulement parfois, dans la vie, les circonstances semblent se liguer contre nous. C'est ce qui s'était produit. Quand Nanako avait décidé de prendre son courage à deux mains, le téléphone de Reiji avait sonné. Il avait appris qu'il avait réussi cette audition. Que se serait-il passé entre eux si la notification était arrivée une heure ou ne serait-ce que quelques minutes plus tard ? La nouvelle avait étouffé le trouble qui était né dans le cœur du jeune homme. Le moins qu'on puisse dire, c'est que le timing avait été mauvais. Reiji était parti à Tôkyô et elle s'était envolée pour les États-Unis sans savoir ce qu'il ressentait. La distance qui les séparait était immense.

Reiji baissa la main sans lâcher la lettre qu'il avait terminé de lire, puis chancela jusqu'à la chaise la plus proche, où il s'assit.

Si seulement je pouvais lui parler, là, tout de suite. J'aimerais tellement entendre sa voix. Ça me donne envie de monter dans le premier avion, mais…

En même temps, il s'en voulait d'être bouleversé au point de perdre son sang-froid sans vraiment savoir pourquoi.

À quoi ça servirait ? Je ne peux pas m'arrêter maintenant. J'ai raté tellement d'auditions ! C'était frustrant, mais je n'ai jamais abandonné. On me donne enfin une chance, je dois la saisir !

Il essayait de se convaincre qu'il devait faire passer ses projets en premier, mais dès qu'il relevait la tête, son regard tombait sur la lettre et sa détermination flanchait.

Et si je ne la revoyais plus jamais ?

Pour réaliser ses rêves, il faut parfois faire des sacrifices.

Si Nanako mourait, je n'aurais pas de regrets ?

J'ai signé le contrat, trouvé un logement. Je ne peux plus reculer.

Pourquoi je me pose la question ?

J'ai besoin de voir Nanako.

Qu'est-ce qui me fait hésiter ?

Qu'est-ce qui compte le plus pour moi, Nanako ou mon rêve ?

Je n'en sais rien.

Je suis perdu.

Tout cela tourbillonnait dans son esprit. Reiji se prit la tête entre les mains et inspira profondément. C'est alors qu'il entendit la voix de Sachi, qui se tenait devant lui :

— Reiji…

Elle s'inquiétait sans doute pour lui, mais il eut l'impression qu'elle lui avait demandé : « Et si le monde devait s'effondrer demain, que ferais-tu ? » Il l'avait entendue poser la question tant de fois ces derniers mois.

— Si le monde devait s'effondrer demain ? murmura-t-il entre ses dents.

C'est le moment que choisit le vieux gentleman pour se lever soudainement.

— Ah…

Reiji avait assisté à cette scène tant de fois. Le vieil homme se levait, rentrait imperceptiblement le menton, serrait son livre contre sa poitrine et se dirigeait lentement vers les toilettes sans jamais faire grincer le parquet.

Le pouls de Reiji s'accéléra. Il se remémora ses premiers pas au *Dona Dona.*

C'était le printemps, les pétales de cerisier tombaient en dansant dans le vent.

Reiji était en terminale. À l'époque, il ne travaillait que le samedi, le dimanche et les jours fériés, quand il y avait le plus de monde. Un jour, un client dont le premier rendez-vous amoureux avait tourné au fiasco avait voulu remonter le temps pour arranger les choses, mais il était reparti dépité après que Yukari lui avait expliqué les règles.

— Il n'y a vraiment aucune chance de changer le présent, quels que soient les efforts qu'on déploie ? lui avait-il demandé après le départ du client, qui avait renoncé dès qu'il l'avait su.

Il ne connaissait pas encore bien les règles.

— Aucune.

— Alors, pourquoi ce siège existe, s'il ne sert à rien ?

— Ce n'est pas parce que la réalité ne change pas que rien ne change, avait répondu Yukari.

— C'est-à-dire ? avait insisté Reiji, qui trouvait cette affirmation contradictoire.

— Imagine que tu sois amoureux…
— D'accord.
— L'élue de ton cœur est à la fois belle et intelligente, c'est la fille la plus populaire du lycée.
— A… admettons…
— Sauf que tu ne lui as jamais adressé la parole. Comment tu lui déclarerais ta flamme ?

Reiji trouvait que Yukari allait trop vite en besogne, mais il voulait bien se prêter au jeu. Il se mit en situation et répondit :

— Je ne lui dirais rien.
— Pourquoi ?
— Parce que d'après ton scénario, on ne s'est jamais parlé, et de toute façon, il n'y a aucune chance qu'une fille comme elle s'intéresse à moi.
— Je te l'accorde.
— Pardon ?

Il ne comprenait pas où elle voulait en venir. Son exemple était complètement tiré par les cheveux.

Yukari ignora le trouble du jeune homme et continua :

— Imagine qu'à un moment donné, tu entendes dire qu'elle est peut-être amoureuse de toi. Alors, que ferais-tu ?

Son pouls avait légèrement accéléré, mais ça ne changeait rien à la situation.

— R… rien, ce serait forcément un mensonge !
— Ça ne changerait pas ce que tu ressentirais ?
— Comment ça ?
— La situation serait un peu différente, non ?

Faisait-elle référence aux battements de son cœur ?

— Un peu, concéda Reiji.

— Ça te troublerait ? sourit Yukari, comme si elle lisait dans son esprit.

— On peut dire ça.

— Tu ne penserais pas que tu as peut-être une chance ?

— Non.

— Je vois, acquiesça Yukari d'un air satisfait. Et si tu la surprenais en train de confier à une amie qu'elle est amoureuse de toi ? Tu ne lui avouerais pas tes sentiments non plus ?

Le cœur de Reiji battait de plus en plus vite. Il eut l'impression que la conversation se déroulait exactement comme Yukari l'avait souhaité et il ne trouvait pas ça drôle du tout.

— Même si tu choisissais de ne pas lui déclarer ta flamme, la situation serait clairement différente, non ?

— Je suppose que oui.

— Et pourtant, ça ne changerait rien au fait que vous ne sortiriez pas ensemble.

— En effet.

— Qu'est-ce qui aurait changé, alors ?

— Mon ressenti ?

Son pouls s'était accéléré, il ne pouvait pas le nier.

— Exactement !

— D'accord, mais…

Reiji comprenait que le ressenti pouvait évoluer indépendamment de la relation. Mais quelque chose le chiffonnait. *Dans ces conditions, est-ce que ça vaut la peine de remonter le temps ?* Il n'en était pas convaincu, et ça se voyait sur son visage.

— Tu penses que personne ne remonterait le temps en ayant conscience de ce que je viens de te dire, reprit Yukari. C'est-à-dire, pour changer son ressenti. Mais on n'est pas encore entrés dans le vif du sujet, continua-t-elle. Le fait que l'élue de ton cœur soit réellement amoureuse de toi ne change rien à la situation, on est bien d'accord ?

— Oui.

— Vous ne vous êtes jamais parlé et votre relation est toujours au point mort.

— En effet.

— Si comme toi elle est persuadée que tu ne t'intéresses pas à elle, quelle est la probabilité pour que vous sortiez ensemble ?

— Zéro, répondit Reiji sans hésiter.

— C'est dommage, pas vrai ? Qu'est-ce que tu devrais faire pour changer les choses ?

— Me déclarer ?

— C'est-à-dire ?

— Passer à l'action ?

— Tu as tout compris !

Reiji adopta candidement une posture victorieuse. Yukari semblait également satisfaite.

— Il ne suffit pas d'avoir envie de devenir dessinateur de mangas pour y parvenir. N'importe qui peut se rendre dans le passé. Mais le *Dona Dona* fait le tri, par l'intermédiaire des règles. Certaines personnes renoncent à leur projet dès qu'on les énonce, tandis que d'autres choisissent de persévérer. Peu importe la raison pour laquelle elles s'accrochent. Ce qui compte, c'est qu'elles aient tellement envie ou besoin de revoir quelqu'un que le fait que ça ne change pas les choses leur est égal.

— J'avoue que ça me dépasse un peu, avait dit Reiji, qui était encore au lycée et n'avait personne de précis en tête.

— Ce n'est pas facile à imaginer, hein ?

— Pas du tout.

— Le jour où tu auras envie de voyager dans le temps malgré tout, tu comprendras.

— Tu crois que ça finira par m'arriver ?

— Je n'en ai pas la moindre idée !

La porte des toilettes s'ouvrit sans bruit et le vieux gentleman en noir disparut comme s'il avait été aspiré.

— Quand est-elle… quand est-elle venue ici pour la dernière fois ? demanda Reiji en fixant la place que le fantôme venait de libérer.

Qu'est-ce que je pourrais bien lui dire ?

Reiji hésitait encore, mais il se dirigea malgré lui vers la chaise.

— Je crois que c'était…, commença Nagare en faisant un clin d'œil à Kazu.

— Il y a une semaine, le 6 novembre à 18 h 10, compléta cette dernière avec la plus grande précision, comme si elle avait anticipé la demande de Reiji.

— Elle était probablement en compagnie de Sachi.

— Merci, dit Reiji en s'asseyant lentement.

Qu'est-ce que je vais lui dire ? pensa-t-il. Mais depuis qu'il avait lu la lettre de Nanako, il était mû par une impulsion irrésistible. *Je dois en avoir le cœur net.* Il ferma les yeux et inspira profondément.

— Tu veux bien me verser un café, Sacchan ?

Sachi interrogea sa mère du regard. Comme il s'agissait de Reiji, elle avait envie de l'aider, ça se lisait dans son regard. Kazu lui dit de préparer le nécessaire. Elle acquiesça en souriant et se précipita à la cuisine, Nagare sur ses talons pour l'assister en cas de besoin.

Reiji n'aurait jamais pensé qu'un tel jour viendrait. Quand une cliente avait voulu remonter le temps pour passer un savon à ses parents décédés, quand Todoroki était allé à la rencontre de sa femme, il n'avait été qu'un simple spectateur. Bienveillant, certes, mais il ne pouvait rien lui arriver si les choses tournaient mal. C'était un peu comme regarder le journal télévisé.

Cette fois, c'était différent. C'était lui qui se trouvait derrière l'écran. C'était lui qui était assis sur la fameuse chaise et qui allait disparaître dans des volutes de vapeur. Il avait l'impression que son cœur allait exploser. Il n'osait pas imaginer dans quel état était Todoroki avant de remonter le temps pour revoir sa femme. Rien que d'y penser, son cœur se serrait dans sa poitrine. Elle était morte et il ne pouvait rien faire pour l'empêcher. La femme qui l'avait soutenu pendant toutes ces années n'était plus. Todoroki avait remporté le Grand Prix de la comédie tout en bataillant contre un sentiment de perte immense.

Le doute s'insinua à nouveau en Reiji. *Qu'est-ce que je vais bien pouvoir lui dire ?* La tristesse était sur le point de l'envahir. Il se mordit la lèvre inférieure et baissa la tête. Sachi émergea de la cuisine avec un plateau sur lequel trônaient une tasse et une cafetière. Elle se plaça juste à côté de lui, mais il ne bougea pas d'un pouce.

Qu'est-ce que je vais faire ? Si je veux renoncer, c'est maintenant ou jamais.

Il faisait les questions et les réponses tout seul dans sa tête.

De toute façon, quoi que je fasse, ça ne changera pas les choses…

À ce stade, Reiji était enveloppé d'un halo de négativité presque palpable.

— Zut, j'avais oublié ! s'écria Sachi à ce moment-là.

Elle tendit le plateau à sa mère et se précipita au sous-sol.

Qu'est-ce qui lui prend ?

Toutes les personnes présentes restèrent interdites, mais Sachi réapparut aussitôt, le livre des 100 questions à la main.

— Tiens ! dit-elle en le tendant à Reiji. Nanako m'a demandé de te le rendre.

— M… merci.

Reiji prit le livre et se souvint qu'il lui appartenait. Il l'avait prêté à Nanako, mais Sachi l'avait gardé pendant tout ce temps. Ça lui était complètement sorti de la tête. Nanako mettait sans doute un point d'honneur à rendre les choses qu'elle empruntait. En tout cas, ça lui ressemblait. Pourtant, Reiji sentait que cela cachait autre chose. Et si elle avait craint de ne jamais le revoir ?

— Tu as posé toutes les questions ? demanda Reiji à Sachi en regardant l'ouvrage.

— Oui, Nanako voulait qu'on termine, au cas où elle s'en irait pour longtemps.

J'en étais sûr.

— La dernière fois qu'elle est venue ?

— Oui.

— Je vois…

Reiji tourna rapidement les pages et s'arrêta à la dernière.

— Sacchan…

— Quoi ?

— Tu te rappelles ce qu'elle… ce que Nanako a répondu à la dernière question ?

— La toute dernière ?

— Oui…

J'ai besoin de savoir ce qu'elle ressent.

— Oui, je m'en souviens.

— Et alors ?

— Je crois qu'elle a dit ②.

— Tu es certaine ?

— Oui.

— Merci…

Je m'en doutais.

— Même qu'elle a répondu que c'était parce qu'elle avait peur de mourir.

L'expression de Reiji changea. *Elle a raison d'affirmer qu'elle ne sera jamais comme Setsuko. Et c'est tant mieux. Ce n'est pas Setsuko que j'ai envie de revoir, moi, c'est elle ! En plus, Setsuko est morte, alors qu'elle, elle est vivante.*

Reiji releva la tête.

Je n'ai aucune idée de ce que l'avenir nous réserve. Je sais juste que là, tout de suite, j'ai besoin de voir son visage. Pourquoi ça poserait un problème ? J'ai envie de lui dire qu'elle va s'en sortir. Qu'elle n'a pas besoin d'imiter Setsuko. Ça ne servira peut-être à rien, mais je ne vois pas le mal qu'il y aurait à la rassurer avant qu'elle s'envole pour les États-Unis ! À qui ça ferait du tort ? À personne !

Reiji avait enfin pris sa décision. Il se frappa les deux joues.

— Merci, Sacchan. Tu m'as donné du courage.

Reiji était à nouveau lui-même. Sachi fut surprise par le revirement de situation, mais elle sentit qu'il avait retrouvé son calme.

— De rien.

— Tu me sers mon café ?

— D'accord. Reviens avant que le café refroidisse, murmura-t-elle en soulevant la cafetière.

Des volutes de vapeur s'élevèrent de la tasse. Le corps de Reiji se fondit en elles et s'éleva vers le plafond, qui l'aspira.

Ça n'avait duré qu'un instant.

— Tu crois qu'il va réussir à lui avouer ses sentiments avant de revenir ? demanda Saki à Kazu.

— Quels sentiments ? intervint Nagare.

— Comment ça, quels sentiments ?

— Ne nous dis pas que tu n'as rien remarqué ?

— Mais de quoi vous parlez, à la fin ?

— C'est évident, non ? Ils sont amoureux l'un de l'autre.

— Sérieusement ?

— Pourquoi il remonterait le temps, sinon ?

— Je n'avais rien vu du tout.

— Tu es vraiment aveugle, par moments ! rit Saki.

— D… désolé, lâcha Nagare, dépité, alors qu'il n'avait aucune raison de s'excuser.

Il n'y avait rien de surprenant à ce que Nanako s'inquiète pour son opération et à ce que Reiji se demande si elle allait y survivre. Mais l'amour multipliait sans doute leurs inquiétudes par deux.

— Moi qui me demandais ce qu'il allait faire dans le passé…

— On avait toutes compris.

— Sans rire ? Tu ne me fais pas marcher ?

— Dis-lui, Sachi…

— C'est vrai ! confirma l'enfant en souriant.

— Alors ça, ça m'en bouche un coin, fit Nagare en plissant ses petits yeux et en fixant le siège sur lequel Reiji était encore assis peu de temps auparavant.

— Au fait, c'était quoi la dernière question ? demanda Saki. Reiji a changé du tout au tout quand Sachi lui a rapporté la réponse de Nanako.

Ce fut Kazu qui lui répondit :

— « Vous êtes dans le ventre de votre mère, qui est sur le point d'accoucher. Si le monde devait s'effondrer demain, que feriez-vous ? »

— C'est vrai que tu n'y as pas encore répondu, toi, dit Sachi en observant la psychiatre.

— Non, mais j'imagine que c'est encore une question clivante. C'est quoi, la réponse ① ?

— Je naîtrais quand même, répondit Sachi.

— Et la réponse que Nanako a choisie, la ② ?

— Je ne naîtrais pas, car ça n'aurait aucun sens, dit Kazu.

— Je vois…

Ça revient à demander si on a peur de mourir.

— Je me demande ce que va faire Reiji, murmura Saki.

En remontant le temps, Reiji n'arrêtait pas de penser à la centième question. Elle était difficile. Rendre ou non l'objet qu'on a emprunté, encaisser ou non les

10 millions de yens de la loterie, se marier ou pas… Au bout du compte, c'est le genre de dilemmes que tout un chacun doit trancher à un moment donné de sa vie. C'est l'imminence de la fin du monde qui leur donne un poids démesuré. *Mais dans la vraie vie,* se dit Reiji, *on ne sait pas quand on va mourir.*

Les parents de Yayoi Seto étaient réellement morts dans un accident de voiture et Setsuko avait succombé à une maladie. Même sa collègue Yukika était décédée un mois après son hospitalisation. Personne n'a la certitude de vivre un jour de plus.

Reiji comprenait maintenant à quel point les petites joies du quotidien étaient précieuses et combien il avait de la chance d'être entouré de personnes qu'il aimait. On repousse parfois des choses au lendemain sans se rendre compte que demain ne viendra peut-être jamais. En revenant de Tôkyô, il s'attendait à retrouver Nanako, et son absence lui avait fait comprendre à quel point elle comptait pour lui.

Reiji avait l'avenir devant lui. Nanako était encore en vie. Et il ne voulait pas attendre que le monde soit sur le point de s'effondrer pour agir. Au contraire, à cet instant précis, dans ce monde qui n'était pas sur le point de s'effondrer, n'avait-il pas le devoir d'être honnête avec lui-même ? Ça ne concernait personne d'autre. Il aimait une femme, elle était en vie, il devait lui avouer ses sentiments.

Le but de ce livre n'était-il pas d'ouvrir les yeux du lecteur sur ce genre d'évidences ? Nanako était en vie. Reiji avait la chance de connaître l'existence du *Dona Dona.* Il ne pouvait pas changer les choses, mais il pouvait changer quelque chose. Il ne savait pas de quoi serait fait l'avenir, mais il devait dire ce qu'il avait sur le cœur. Si le monde devait s'effondrer le lendemain, il aurait remonté le temps pour revoir Nanako.

Reiji sentit à nouveau ses membres et le paysage cessa de défiler pour se stabiliser. Il palpa son corps pour vérifier qu'il était bien réel. La sensation de flottement ne l'avait pas encore totalement quitté.

Kazu était derrière le comptoir, Sachi lisait en face d'elle et Nagare était dans la cuisine. D'après l'horloge, il était quelques minutes après 18 heures. Début novembre, il faisait nuit tôt et le café fermait dès que la salle se vidait. Un couple de personnes âgées était attablé devant la fenêtre, ils seraient sans doute les derniers clients.

Reiji ne voyait Nanako nulle part, mais il n'était pas encore 18 h 11, l'heure que Kazu avait indiquée. Il savait qu'il pouvait se fier à elle.

Kazu avait sans doute remarqué son arrivée, mais elle s'était contentée de sourire sans lui adresser la parole. Elle se comportait toujours de la sorte avec les personnes qui voyageaient dans le temps, par discrétion. Elle avait sans doute deviné qui il était venu voir à l'instant même où il était apparu. Reiji lui fit un clin d'œil, inclina la tête et attendit l'arrivée de Nanako.

18 h 08.

Il était encore un peu tôt. Par acquit de conscience, Reiji toucha la tasse. Tout allait bien. Elle n'était pas brûlante, mais elle ne serait pas froide avant un moment. Kazu conversait joyeusement avec le couple âgé, qui semblait avoir aux alentours de soixante-dix ans. Ils parlaient sans doute de tout et de rien, mais c'était la première fois que Reiji la voyait échanger d'un air si joyeux avec des clients. Il tendit l'oreille et comprit qu'elle les appelait M. et Mme Fusagi. L'homme aimait voyager et sa femme avait décidé de le suivre jusqu'à Hakodate pour rendre visite à Kazu, Sachi et Nagare. Selon toute évidence, c'était des habitués du *Funiculi Funicula,* à Tôkyô. La dame avait l'air adorable, tandis que son époux ne pipait mot. Reiji ne voyait pas son visage, mais l'homme lui semblait un peu rustaud. Pourtant, sa moitié le couvait amoureusement du regard. *Je me demande si Sacchan lit encore un ouvrage difficile.* Assise au comptoir, la petite ne bougeait pas d'un pouce. C'était toujours comme ça quand elle était plongée dans un livre. Elle n'avait sans doute pas remarqué la présence de Reiji.

18 heures, 10 minutes et 30 secondes.

Reiji se tourna vers l'entrée. Nanako était sur le point d'arriver. *Quelle tête fera-t-elle en me voyant assis sur cette chaise ?* Sous l'effet de la surprise, sans doute crierait-elle, ou ne parviendrait-elle pas à dire un mot, ou bien… *Elle ne va quand même pas se mettre à pleurer ?*

Ça serait une catastrophe. Si on y réfléchissait bien, Nanako venait dire au revoir à l'équipe du café avant de partir pour les États-Unis et il était tout à fait possible qu'elle appréhende le départ. C'était même probable, vu la lettre qu'elle lui avait écrite. Maintenant qu'il y pensait, Reiji ne l'avait pas vue pleurer depuis la maternelle.

Il avait l'habitude qu'elle se moque de lui ou qu'elle se fâche. Quand il jouait un sketch devant elle, il lui arrivait de rire au mauvais moment, mais elle ne lui faisait jamais de compliments par politesse. Si elle se mettait à pleurer, il ne saurait pas quelle attitude adopter.

Ding-dong.

Il était très exactement 18 h 11, à la seconde près.

La voilà !

— Bonjour ! lança Kazu, avant de tourner la tête vers Reiji, comme pour indiquer sa présence à Nanako.

Elle avait donc bel et bien deviné la raison de sa venue. Nanako regarda dans la même direction que Kazu.

— Salut, fit Reiji en la saluant gauchement.

— Tu… tu es déjà de retour ?

— Non, je suis encore à Tôkyô, répondit-il, désarçonné par le naturel avec lequel elle réagissait.

— Qu'est-ce que tu racontes ? fit Nanako en fronçant les sourcils.

— Je suis venu exprès.

— Exprès pour quoi ?

— Pour te voir, idiote !

— Pour me voir moi ?

— Évidemment !

— Pourquoi ?

Elle est vraiment bête ou elle le fait exprès ?

— À ton avis ?

Moi qui imaginais qu'elle allait se mettre à pleurer !

Par réflexe, Reiji se prit la tête entre les mains et poussa un long soupir. Ils échangeaient toujours sur ce mode. Mais ça, c'était avant qu'il déménage à Tôkyô et que Nanako parte se faire opérer aux États-Unis.

— Franchement…

— Quoi ?

— Qu'est-ce qui t'a pris de partir à l'étranger dès que j'ai eu le dos tourné ?

C'est seulement à ce moment-là que Nanako comprit.

— Ah, c'est pour ça que tu es assis là ! Tu viens du futur ?

Nanako était tellement égale à elle-même que c'en était décourageant, mais intérieurement, Reiji se sentait soulagé.

Au moins, elle n'est ni angoissée ni en larmes.

— J'en déduis que tu as lu ma lettre ? demanda-t-elle, puis elle frappa deux fois dans ses mains.

— Pourquoi tu ne m'as rien dit ?

Reiji n'était pas venu pour faire des reproches à Nanako, mais devant la nonchalance dont elle faisait preuve, c'était sorti tout seul.

— Je suis désolée, murmura-t-elle d'un air triste.

— Je ne t'en veux pas, dit Reiji, qui se sentait coupable qu'elle se soit excusée.

Le vieux couple n'avait pas remarqué ce qui était en train de se jouer entre les deux jeunes gens, mais ce fut le moment qu'il choisit pour se lever. Kazu se dirigea vers la caisse avec Sachi et, une fois l'addition réglée, Nagare sortit de la cuisine pour raccompagner les clients à la porte. Ce faisant, il remarqua Reiji et laissa échapper une exclamation de surprise, mais il ne s'approcha pas. Nanako était face à Reiji. Nagare avait beau ne pas être très perspicace, il avait compris qu'il ne fallait pas les déranger. Après le départ du vieux couple, Sachi fit un petit signe de la main à Reiji, puis le silence retomba dans la salle. Kazu apporta un soda crème à Nanako, qui était restée debout.

— Je sais que vous n'avez pas beaucoup de temps, mais j'ai pensé que tant qu'à faire…, dit-elle en incitant Nanako à s'asseoir en face de Reiji.

C'était aussi une façon de dire à ce dernier que s'il avait un message à faire passer, il fallait qu'il se dépêche. Nanako s'assit en face de Reiji, l'air embarrassé. Elle s'en voulait d'être partie (ou, à ce stade, d'avoir prévu de partir) aux États-Unis sans le prévenir.

— Tu aurais dû m'en parler, dit Reiji d'une voix qu'il aurait voulue plus douce, mais qui sonnait comme un reproche.

— Je suis désolée…

— Alors…

Je ne veux pas l'accabler…

— Tu vas penser que je me cherche des excuses, mais je n'ai jamais eu de symptômes flagrants, bredouilla Nanako. Je me disais que ça allait sûrement s'arranger tout seul, enfin je l'espérais, quand Yukari m'a contactée pour me dire qu'elle avait trouvé un donneur.

— Quoi ? Yukari te cherchait un donneur ?

— Apparemment, oui.

— Ça alors…

Cela signifiait que Yukari était au courant de la maladie de Nanako depuis longtemps. Reiji comprit qu'il était le seul à ne pas être dans le secret, ce qu'il n'apprécia pas du tout. Nanako le perçut tout de suite.

— J'avais l'intention de te le dire l'autre jour, se dépêcha-t-elle d'ajouter. Mais quand tu as appris pour l'audition, j'ai pensé que le moment était mal choisi…

Reiji devina qu'elle faisait référence au jour où elle avait changé de rouge à lèvres.

— Je comprends. Excuse-moi.

Même si ça me blesse.

— Ce n'est pas grave, je savais que c'était ton rêve ! Je ne voulais pas t'embêter avec mes problèmes personnels.

Si ça continue, je ne vais pas réussir à lui dire pourquoi je suis venu.

Reiji s'en voulait de ne pas parvenir à être plus direct. Il tendit la main vers la tasse. Elle lui parut encore un peu moins chaude que précédemment.

— Tu te plais à Tôkyô ?

— Pardon ?

— C'est la première fois que tu vis seul, non ?

— Oui…

— Je ne peux rien faire pour t'aider, mais je croise les doigts pour toi, dit Nanako en tendant la main vers son soda. Courage !

C'est bien elle, ça.

— Merci, répondit Reiji, un peu triste.

Je me suis peut-être inquiété pour rien.

Il avait encore un peu de temps avant que son café ne refroidisse, mais maintenant qu'il était face à Nanako, il ne savait plus ce qu'il était venu faire là.

Si elle lui avait semblé inquiète, il aurait essayé de la rassurer, mais elle l'avait devancé en lui souhaitant bon courage. En temps normal, il lui aurait juste répondu « À toi aussi », mais il n'y arrivait pas.

Je devrais être content.

Ce n'était pas une mauvaise chose que Nanako soit égale à elle-même, mais il ne parvenait pas à s'en réjouir. Il se sentait ridicule de s'être inquiété au point de remonter le temps, et il s'en voulait de se sentir ridicule.

Je ferais mieux de m'en aller avant qu'elle ne se rende compte que je ne suis pas dans mon assiette.

— Bon, ben, je crois que je vais…, commença Reiji en prenant la tasse.

— C'est la dernière question, dit Sachi.

Elle ne semblait pas s'adresser à Reiji et à Nanako, mais à sa mère, qui était derrière le comptoir, et à Nagare, qui se trouvait dans la cuisine.

Maintenant que le vieux couple était parti, Reiji et Nanako ne pouvaient pas ne pas entendre la voix de Sachi, même s'ils le voulaient.

— « Vous êtes dans le ventre de votre mère, qui est sur le point d'accoucher », continua la petite.

— D'accord, dit Kazu.

— « Si le monde devait s'effondrer demain, que feriez-vous ? ① Je naîtrais quand même. ② Je ne naîtrais pas, car ça n'aurait aucun sens. » Tu ferais quoi, toi, maman ? demanda Sachi avec sa candeur habituelle.

Kazu inclina la tête comme pour réfléchir tout en continuant à ranger derrière le comptoir. Reiji était absorbé par l'échange entre Sachi et sa mère.

— Dis…, fit Nanako, qui avait elle aussi suivi la conversation.

C'était bien sa voix, mais elle était beaucoup plus fluette que tout à l'heure. Elle semblait pouvoir s'éteindre à tout moment. Reiji posa à nouveau les yeux sur elle.

— Qu'est-ce qui va m'arriver ? demanda-t-elle sans le regarder.

Quoi ?

Reiji ne comprit pas tout de suite la portée de cette question. Il voulut la dévisager, mais elle avait baissé la tête. Au bout d'un moment, sous la pression, Nanako se mit à rire.

— Oublie ce que je viens de dire, je plaisantais ! Fais comme si tu n'avais rien entendu, d'accord ? ajouta-t-elle en se levant. Ton café va refroidir, tu devrais le boire.

Elle lui tournait maintenant le dos, mais Reiji perçut un tremblement dans sa voix.

— Nanako…

À cet instant, il se maudit de ne pas avoir compris plus tôt.

Elle se demande si l'opération va bien se passer. Ce n'est pas elle qui est trop insouciante, c'est moi.

Nanano s'inquiétait probablement depuis qu'elle avait vu Reiji sur cette chaise. Elle avait fait un parallèle entre Yayoi, Todoroki et lui, et s'imaginait que s'il avait fait le voyage, c'était que le pire était arrivé. Elle s'imaginait que l'opération avait été un échec. En d'autres mots, elle était persuadée qu'elle était morte et que c'était pour ça que Reiji était venu la voir.

C'était pour ne pas savoir, pour que Reiji ne lui dise rien, qu'elle avait joué les insouciantes, ce qui avait fini par agacer le jeune homme. Elle avait probablement l'intention de lui cacher ce qu'elle ressentait vraiment jusqu'à ce qu'il s'en aille, mais ça lui avait quand même échappé. Elle n'avait pas pu faire semblant.

— Je suis désolé, dit Reiji, qui s'en voulait de ne pas avoir deviné plus tôt.

— Je ne veux pas savoir ! s'écria Nanako, qui avait interprété ces mots d'une tout autre façon.

— Tu vas…

D'aussi loin que je m'en souvienne, on a toujours été ensemble. On a fréquenté le même jardin d'enfants, la même école maternelle, la même école primaire, le même collège, le même lycée et, finalement, la même université. Ça me semblait tellement naturel, ça allait de soi.

Depuis quand je l'aime ? Depuis quand elle m'aime ? Maintenant que j'y pense, elle ne m'a jamais parlé d'un petit copain. Mes amis disent qu'elle est mignonne, mais ce n'est pas comme ça que je la qualifierais.

J'ai toujours rêvé de devenir humoriste. J'étais au collège quand j'ai décidé qu'un jour je monterais à Tôkyô pour faire carrière. Mais… je pars vraiment là-bas tout seul ? Je vais vraiment vivre loin d'elle ? On a fréquenté le même jardin d'enfants… la même école maternelle… la même école primaire… le même collège… le même lycée… la même université… et maintenant, Tôkyô… Ça me semblait tellement naturel, ça allait de soi.

Tiens ? Je crois qu'en fait, j'ai toujours été amoureux d'elle. Ça me semblait tellement naturel, ça allait de soi. Je crois qu'en fait je ne peux pas dissocier mon rêve de Nanako. C'est tellement naturel. Ça va de soi. C'est pour ça que…

— Tu vas…
— Tais-toi !
— Tu vas m'épouser.
— Non ! cria Nanako en se bouchant les oreilles et en fermant très fort les yeux. Attends, qu'est-ce que tu viens de dire ?
— Tu – vas – m'épouser, répéta Reiji en séparant bien les mots.
— Tu plaisantes ?
— J'ai l'air de rigoler ?
Par contre, je mens.
— Et ma maladie ?
— Quoi, ta maladie ?
— J'ai trouvé un donneur…
— Et tu es allée aux États-Unis.
Personne ne sait de quoi le futur sera fait.
— Et ensuite ?
— Tu es revenue et tu m'as épousé.
Alors je peux…
— Quoi ?
— C'était le plus beau jour de ta vie.
… raconter ce qui me chante. Mon avenir, notre avenir, on va l'écrire ensemble…
— Pourquoi ?
— Justement, j'aimerais bien le savoir !
En plus…
— Qu'est-ce que tu aimerais bien savoir ?

— C'est toi qui m'as supplié de me marier avec toi, je te rappelle ! lança Reiji.

… quoi que je dise, ça n'affectera pas la réalité.

— Je ne t'ai jamais supplié !

— Pas encore, mais ça ne saurait tarder !

— Même pas en rêve !

— Je te garantis que si !

— Tu mens !

— Tu crois que j'oserais te dire une chose pareille si ce n'était pas vrai ?

Je n'oserais jamais te dire une chose pareille, si c'était vrai !

— Tu n'es pas drôle !

— On me le dit souvent…

— Quoi ?

— Et pourtant, je ne renoncerai pas à mon rêve. Je ne renoncerai jamais, tu m'entends ? Je vais aller à Tôkyô. Si ça se trouve, je vais galérer toute ma vie, mais malheureusement pour toi, tu vas m'épouser ! Si je te le dis, c'est que c'est vrai ! Alors…

Reiji, qui avait parlé d'une traite, s'arrêta et inspira un grand coup avant de continuer :

— … il va donc bien falloir que tu l'acceptes !

Je ferai de mon mieux, alors s'il te plaît, sois à mes côtés.

La demande en mariage surprise de Reiji était parvenue aux oreilles de Sachi et de Kazu, et même à celles de Nagare, qui sortit la tête de la cuisine. Nanako pouffa malgré elle.

— Qu'est-ce qu'il y a ?

Pourquoi elle rit ?

— C'était drôle…

— Ce n'était pas un sketch !

— Mais c'était marrant…

— Quoi ?!

Nanako se mit à rire et à pleurer en même temps. Ses larmes étaient si grosses que Reiji s'inquiéta :

— Ça va ?!

— Merci, répondit Nanako en le regardant droit dans les yeux.

Puis elle se redressa.

— Ça alors, je vais épouser Reiji ! s'exclama-t-elle, si fort que Reiji n'en revenait pas.

Sa voix était claire, toute trace d'hésitation ou d'inquiétude avait disparu. Elle se retourna lentement.

— J'imagine que c'est inéluctable, puisqu'on ne peut pas changer le futur ?

— En effet, les règles sont formelles.

— Dans ce cas…

— Ouais…

— On n'a pas le choix ! conclut Nanako en souriant.

— Moi, je dirais ①, répondit Kazu à ce moment-là.

Même Sachi, qui était absorbée par la conversation entre Reiji et Nanako, ne s'y attendait pas. C'était typique de Kazu.

C'était sa façon de rappeler aux deux tourtereaux qu'ils n'avaient plus beaucoup de temps.

— Mince, fit Nanako, qui connaissait elle aussi les règles. Bois ton café, vite !

— Bon, ben, à la prochaine ! dit Reiji avant de vider sa tasse d'un trait.

Il avait fait ce pour quoi il était venu, il n'aurait pas de regrets. Son corps se mit à trembler et il fut pris d'une sorte de vertige.

— Et ta réponse ?

— Pardon ?

Nanako prit le livre des mains de Sachi et le montra à Reiji.

— C'est quoi, ta réponse à la dernière question ?

Reiji se souvint. Nanako avait choisi la ② parce qu'elle avait peur de mourir.

— La ①. Je choisirais de naître coûte que coûte, affirma Reiji avec le peu de conscience qui lui restait.

— Pourquoi ?

— Je préfère vivre, ne serait-ce qu'un jour, commença Reiji, tandis que son corps était enveloppé de vapeur. Personne ne sait de quoi l'avenir sera fait, alors autant venir au monde ! Avec un peu de chance – qui sait ? –, il ne s'effondrera peut-être pas demain.

— Dans ce cas, moi aussi ! s'écria Nanako.

À cet instant, le corps de Reiji se mua en vapeur et commença son ascension, tandis que le vieux gentleman réapparaissait à sa place. Nanako ne savait pas si Reiji avait entendu ses derniers mots. Elle fixa longuement le plafond, où la vapeur avait disparu.

— Nanako, tu vas te marier avec Reiji ? demanda Sachi.

— Il paraît même que je vais le supplier de m'accorder sa main, répondit-elle en souriant.

Quelques jours plus tard, Reiji reçut une carte postale sur laquelle figurait une photo de Nanako, probablement prise dans sa chambre d'hôpital après l'intervention. Elle arborait un large sourire, comme pour dire qu'elle allait bien. À ses côtés se tenait Yukari, tout sourire elle aussi.

— J'ai l'impression que Yukari n'est pas près de rentrer, murmura Saki en regardant la carte.

C'était une façon de laisser entendre qu'elle doutait du prétexte que la patronne du *Dona Dona* avait donné avant de partir pour les États-Unis.

— Moi aussi, soupira Nagare, à moitié résigné.

En réalité, il commençait à se plaire à Hakodate. Ça ne le dérangerait pas de rester un peu plus longtemps si sa mère tardait à revenir.

— Yukari est vraiment une personne extraordinaire, dit Reiji en reprenant la carte.

Sa valise et son sac à dos étaient posés près de lui. Il repartait pour Tôkyô plus tard dans la journée, mais il était passé dire au revoir et montrer la carte sur laquelle Yukari posait à côté de Nanako.

— Elle figurait sur une photo vieille de vingt ans, elle a envoyé dans l'avenir une fille qui était sur le point de se suicider, elle connaît Hayashida et Todoroki du duo Porondoron, elle a prévenu Nagare que Yukika viendrait du passé, et maintenant, ça ? dit-il en faisant référence à la photo qu'il venait de recevoir. Qu'est-ce que Todoroki serait devenu si elle ne lui avait pas envoyé de carte pour le féliciter d'avoir remporté le Grand Prix de la comédie ?

Pour Reiji, c'était presque miraculeux, mais tout le monde n'était pas du même avis.

— C'était juste le hasard, répliqua Nagare calmement.

— Pas du tout, commença Reiji en prenant le livre des 100 questions.

Il fut interrompu par un bruit de course en provenance de l'escalier. C'était Sachi, qui lui tendit un ouvrage en haletant.

— C'est pour toi.

— C'est vrai ?

— Oui !

Il s'agissait d'un roman intitulé *Les Amoureux*.

— Mais… c'est ton livre préféré ! Tu es sûre que tu veux lui donner ? demanda Nagare.

— Oui.

— Sûre de sûre ?

— Cent pour cent sûre, répondit Sachi en souriant.

Reiji tourna les pages. Sachi adorait les livres et elle avait pris grand soin de son exemplaire, mais comme elle l'avait lu des dizaines de fois, la tranche était un peu noircie. Il était évident qu'elle y tenait vraiment.

— C'est ce livre qui est à l'origine de ta passion pour la lecture, non ? dit Kazu.

— Oui, acquiesça Sachi d'un air joyeux.

— Tu me donnerais un ouvrage si précieux ? demanda Reiji en dévisageant l'enfant.

— Il paraît que quand quelqu'un poursuit un rêve, il est bon de lui offrir ce qu'on a de plus cher, expliqua-t-elle. Parce qu'à un moment donné cette personne aura forcément un passage à vide. Ce sera dur, si dur qu'elle comparera ses aspirations à la réalité et qu'elle sera forcée de faire un choix. Quand ça se produit, ceux qui ont reçu ce que quelqu'un d'autre a de plus précieux auraient tendance à tenir un peu plus longtemps avant de renoncer. Ils savent qu'ils ne sont pas seuls et le fait de se sentir soutenus leur donne du courage. Comme je veux que tu fasses de ton mieux, j'ai décidé de te donner ce livre.

— Sacchan…

— Parce que si tu n'es pas courageux, ça ne sera pas facile pour Nanako.

L'assemblée éclata de rire, puis Reiji s'en alla.

Quelques mois plus tard, Nagare, Kazu et Sachi, qui étaient de retour à Tôkyô, reçurent un faire-part annonçant le décès de Nanako. C'était le printemps et les pétales de cerisier tombaient en tourbillonnant comme la neige des beaux jours à Hakodate.

L'opération que la jeune fille avait subie semblait avoir été un succès, mais toute intervention comporte des risques, et son corps avait soudainement rejeté le greffon. Elle avait été opérée à nouveau, puis elle s'était affaiblie de jour en jour. Ils avaient entendu dire qu'elle avait résisté face aux poussées de fièvre, aux vomissements et aux effets secondaires des traitements que la plupart des patients ne supportent pas. Cette combativité, qui avait étonné ses propres parents, elle l'avait sans doute puisée dans les mots que Reiji lui avait dits.

Tu vas m'épouser.

Quelques années plus tard, Reiji remporta le Grand Prix de la comédie à la cinquième tentative. Il se rendit sur la tombe de Nanako, le roman de Sachi et le livre aux 100 questions à la main. Nanako reposait sur les hauteurs de Hakodate, dans un cimetière proche du quartier étranger, avec vue sur la baie.

Reiji laissa le livre aux 100 questions derrière lui. Il avait dû lire la postface qui figurait sur la dernière page un nombre incalculable de fois, car les caractères étaient presque effacés. Un objet était inséré entre les pages. C'était une alliance.

Sous la centième question, il était écrit :

Je suis convaincue que la mort ne doit pas nous rendre malheureux. Personne n'y échappe. Si elle devait nous plonger dans le désespoir, cela signifierait que nous sommes tous destinés à errer sur cette terre comme des âmes en peine. Ce n'est certainement pas le cas. C'est pour vivre heureux que nous naissons.

L'autrice, Yukari Tokita

DU MÊME AUTEUR AUX ÉDITIONS ALBIN MICHEL :

Tant que le café est encore chaud, 2021
Le Café du temps retrouvé, 2022
Le Café des au revoir, 2024

Découvrez le début du roman suivant de Toshikazu Kawaguchi :

Le Café des au revoir

ROMAN TRADUIT DU JAPONAIS
PAR GÉRALDINE OUDIN

ALBIN MICHEL

1

Le mari qui avait quelque chose d'important à dire

— Quoi que je fasse, la réalité ne changera pas ? demanda Monji Kadokura, incrédule.

Le pétale de fleur de cerisier qui était resté accroché dans ses cheveux poivre et sel tomba gracieusement au sol. Dans cette salle uniquement éclairée par des lampes à abat-jour qui diffusaient une lumière sépia, l'ambiance était feutrée et Kadokura était contraint d'approcher son carnet de son visage pour déchiffrer sa propre écriture.

— Qu'est-ce que ça signifie, concrètement ?

— Eh bien, prenez cette caisse enregistreuse, par exemple, répondit Nagare Tokita, le patron de l'établissement, en tapotant la machine.

Nagare mesurait près de deux mètres et avait les yeux aussi fins qu'un fil.

— C'est un modèle relativement ancien, du moins au Japon, et plutôt recherché, je crois. Afin de décourager les voleurs, elle pèse quarante kilos. Imaginons qu'un jour, quelqu'un la dérobe malgré tout. La plupart des gens pensent qu'il me suffirait de retourner dans le passé pour la mettre à l'abri ou pour empêcher l'intrusion…

— Ça me semble logique.

— Pourtant, quelles que soient les mesures que je prenne, le cambrioleur trouvera un moyen de s'introduire ici et repartira avec la caisse, si bien cachée soit-elle.

— Intéressant. Sur quelles bases scientifiques vous appuyez-vous ? J'aimerais comprendre le rapport de cause à effet. Est-ce une sorte d'effet papillon ? demanda Kadokura, les yeux brillants.

— D'effet papillon ? répéta Nagare, dubitatif.

— C'est un concept formulé par Edward Lorenz pendant une conférence à l'American Association for the Advancement of Science, en 1979. Vous connaissez le dicton « Quand la pluie tombe, les fabricants de seaux s'enrichissent » ? C'est la même idée.

— Je vois.

— Cependant, si les changements effectués n'affectent pas le cours des choses, on ne peut pas parler d'effet papillon, ce qui est encore plus fascinant ! poursuivit Kadokura en griffonnant dans son carnet, ravi. On vous a communiqué ces règles sans plus d'explications, c'est bien ça ?

Nagare lança un coup d'œil à Kazu Tokita, qui se tenait à ses côtés, comme pour obtenir confirmation. Kazu était la serveuse de l'établissement, mais aussi la cousine de Nagare. Vêtue d'une chemise blanche, d'un gilet sans manches noir et d'un tablier de sommelier, elle essuyait les verres d'un air absent. Avec son teint clair et ses yeux en amande, elle était jolie, mais sans réelle présence. Son visage était de ceux qu'on oublie immédiatement après les avoir vus.

— Oui, répondit-elle.

Je l'avais complètement oubliée, elle, pensa Kadokura en suivant le regard de Nagare.

— J'en déduis que vous êtes venu ici dans l'espoir de revoir quelqu'un, professeur ?

— Ne m'appelez pas ainsi, mademoiselle Kiyokawa. J'ai quitté l'enseignement, répondit Kadokura.

Par le passé, Fumiko Kiyokawa avait remonté le temps pour retrouver son ancien petit ami. Depuis, elle était devenue une habituée et fréquentait l'établissement presque chaque jour après son travail. Elle était assise au comptoir, près de la caisse.

— Vous vous connaissez ? demanda Nagare.

— Le professeur Kadokura enseignait l'archéologie dans mon université. C'est aussi un grand aventurier qui voyage dans le monde entier. Ses cours étaient passionnants.

— Vous êtes bien la seule de cet avis. Vous étiez une excellente élève, toujours première de la classe.

— Vous exagérez. Je suis mauvaise perdante, c'est tout.

Fumiko était modeste. Elle avait appris six langues en autodidacte dès le lycée et elle était sortie de l'université major de sa promotion. Kadokura n'en rajoutait absolument pas, il n'avait jamais oublié cette étudiante particulièrement douée.

— Alors, professeur ?

— Vous vous demandez ce qui m'amène ici ? Eh bien, j'aimerais parler une dernière fois avec mon épouse, murmura Kadokura en regardant ses bras croisés.

— Vous voulez dire qu'elle est…

Fumiko le dévisagea sans terminer sa phrase.

— Ah, non, elle est vivante !

L'expression de Fumiko se détendit, mais celle de Kadokura était toujours aussi sombre. Fumiko et

Nagare, qui avaient compris qu'il y avait un « mais », attendaient la suite en silence.

— Elle est vivante, mais son cerveau a été endommagé dans un accident et, depuis, elle est réduite à l'état végétatif. Cela fera bientôt deux ans. En moyenne, l'espérance de vie des patients dans sa situation est de trois à cinq ans, au plus. Compte tenu de son âge, les médecins m'ont avisé qu'elle pouvait nous quitter à tout moment.

— Je comprends. Vous aviez l'intention de retourner dans le passé pour éviter que cet accident se produise, c'est cela ? Malheureusement, comme je vous l'ai expliqué tout à l'heure…

Kadokura secoua légèrement la tête.

— Ne vous inquiétez pas, je ne suis pas ici dans ce but. Si j'avais pu lui venir en aide, j'aurais bien sûr saisi l'occasion, mais je me suis fait une raison. Pour être honnête, à ce stade…

Il se gratta le front.

— ... c'est la curiosité qui l'emporte, avoua-t-il en riant nerveusement.

— Comment ça ? demanda Fumiko, perplexe.

— Retourner dans le passé sans que cela affecte le présent, voilà une perspective séduisante, non ? répondit Kadokura sur un ton espiègle.

Puis il s'assombrit à nouveau et ajouta :

— Ça vous choque que je raisonne ainsi alors que ma femme est devenue un légume ?

— Pas du tout ! mentit Fumiko avec un sourire forcé.

— Elle en a vu de toutes les couleurs avec moi. L'archéologie me passionne depuis ma jeunesse et, dans la vie, je n'en ai fait qu'à ma tête. J'ai sillonné le monde en quête d'aventures, il m'arrivait de ne pas rentrer chez moi pendant des semaines. Mon épouse veillait sur notre famille sans jamais se plaindre. Quand nos enfants ont quitté le nid et qu'on s'est retrouvés en tête à tête, je n'ai pas changé mes habitudes pour autant. J'ai continué à voyager en la laissant seule à la maison. Un jour, à mon retour, Mieko était un légume.

Kadokura avait parlé d'un trait. Il sortit de son carnet un cliché qui représentait un jeune couple. Nagare et Fumiko comprirent d'emblée qu'il s'agissait de lui et de son épouse. En y regardant de plus près, on pouvait voir, à l'arrière-plan, une horloge en pied qui semblait être l'une de celles du café.

— On devait avoir vingt-quatre ou vingt-cinq ans quand on a été photographiés ici. Avec un Polaroid.

— Comme les Instax mini ? demanda Fumiko.

— Je crois que c'est comme ça que ça s'appelle de nos jours. À l'époque, la photographie à développement instantané était très en vogue. La patronne de cet établissement possédait un appareil de ce genre et elle nous a donné ce cliché en souvenir.

— C'était ma mère. Elle a toujours aimé les gadgets à la mode, je suis sûr qu'elle voulait vous impressionner, expliqua Nagare.

Il haussa les épaules d'un air ironique.

— Où que j'aille, mon épouse insistait pour que j'emporte cette photo avec moi. Elle disait que c'était un porte-bonheur. Scientifiquement parlant, ça n'a bien sûr aucun sens, précisa Kadokura en secouant le cliché.

— Vous aimeriez remonter à ce jour-là ?

— Non. Je n'ai jamais remis les pieds ici, mais il semblerait que ma femme y retrouvait nos enfants, à l'occasion. Quitte à retourner dans le passé, je préférerais que ce soit deux ou trois ans avant son accident.

— Très bien.

Nagare jeta un regard furtif à la cliente en robe blanche qui occupait la table la plus éloignée de l'entrée. Elle avait de longs cheveux noirs et la peau si claire qu'elle en était presque translucide. Elle était plongée dans un livre.

— Avez-vous d'autres questions ?

Kadokura rangea la photographie dans son carnet, puis, en le tenant à nouveau très près de son visage, relut la page sur laquelle il avait griffonné des notes quelques minutes plus tôt.

— Bon, j'aimerais revenir sur la règle selon laquelle rien de ce que l'on peut faire dans le passé n'influence le présent…

— Je vous écoute.

— Quand un visiteur venu du futur annonce quelque chose à quelqu'un, son interlocuteur se souvient-il de la conversation ?

— Je ne suis pas sûr de comprendre votre question, dit Nagare en fronçant les sourcils.

— Pardonnez-moi, j'aurais dû préciser ma pensée. J'ai bien intégré le fait que cette règle avait pour but d'empêcher que le présent ne soit altéré d'une façon ou d'une autre, mais je me demande si elle affecte également la mémoire.

Nagare n'avait toujours pas saisi.

— Autrement dit, j'aimerais savoir si les souvenirs de la personne prévenue du vol imminent de la caisse enregistreuse sont voués à être effacés ou déformés.

— Je vois, dit Nagare en croisant les bras.

— Alors ? intervint Fumiko.

— Eh bien…

Nagare ne savait pas quoi répondre. Non seulement il ne s'était jamais posé la question, mais il ne comprenait pas pourquoi Kadokura insistait sur ce point. À sa connaissance, personne, pas même Fumiko, ne s'en était préoccupé jusqu'alors. Comme on ne pouvait remonter le temps qu'une fois, la réponse aurait dû la laisser indifférente, mais elle se rangeait du côté de son ancien professeur.

Nagare plissa le front et les yeux. La sueur perlait sur ses tempes.

— Comment dire…

— Les règles n'affectent pas les souvenirs, intervint Kazu, qui avait terminé d'essuyer les verres et pliait maintenant des serviettes en papier.

Sa voix était cristalline. Elle ne s'était pas interrompue dans sa tâche.

— Parfois, les gens font semblant d'ignorer certaines choses. La personne qui aura été prévenue du vol de la caisse attendra comme si de rien n'était qu'il se produise. Ce n'est pas comme si elle n'était pas au courant. Elle se sentira mal à l'aise jusqu'au jour du cambriolage qu'elle sait inévitable. En revanche, la façon dont elle vivra cette période d'incertitude ne dépend que d'elle. Les souvenirs sont quelque chose de très individuel, tout comme les sentiments qu'ils font émerger. Les règles n'ont aucune influence là-dessus.

Le visage de Kadokura s'éclaira.

— C'est exactement ce que j'avais envie d'entendre. Ma décision est prise. Envoyez-moi dans le passé, avant l'accident de mon épouse, demanda-t-il en s'inclinant profondément.

— Comme vous voudrez, répondit Kazu, impassible.

Fumiko applaudit avec enthousiasme, tandis que Nagare écarquillait les yeux. Il ne s'agissait pas d'une nouvelle règle, mais la question de Kadokura avait mis au jour une subtilité.

C'est une nuance qui peut avoir son importance, pensa Nagare en regardant le plafond.

Katsu détailla à nouveau les autres règles, sans qu'aucune d'elles n'éveille l'intérêt du professeur. Lorsqu'elle mentionna l'interdiction de quitter sa chaise et la limite de temps, il répondit simplement : « Compris. » En revanche, quand elle lui apprit que la femme en blanc était un fantôme qui le maudirait s'il tentait de s'asseoir de force à sa place, ses yeux se mirent à briller comme ceux d'un enfant.

audiolib
écoutez, c'est un livre !
LA SAVEUR DU PASSÉ
PEUT TRANSFORMER
LE PRÉSENT...
思い出が消えないうちに
川口俊和
audiolib
TOSHIKAZU KAWAGUCHI
Le café où vivent les souvenirs
Lu par Philippe Spiteri
Un livre à déguster
avec les oreilles.
Écoutez un extrait !

Le Livre de Poche s'engage pour
l'environnement en réduisant
l'empreinte carbone de ses livres.
Celle de cet exemplaire est de :
150 g éq. CO_2
Rendez-vous sur
www.livredepoche-durable.fr

PAPIER CERTIFIÉ

Composition réalisée par Lumina Datamatics, Inc.

Achevé d'imprimer en septembre 2024 en France par
MAURY IMPRIMEUR – 45330 Malesherbes
Dépôt légal 1re publication : octobre 2024
N° d'impression : 279694
LIBRAIRIE GÉNÉRALE FRANÇAISE
21, rue du Montparnasse – 75298 Paris Cedex 06

88/4301/8